KOCHEN WIE AUF TikTok

KOCHEN WIE AUF TikTok

Mit trendigen Rezepten
von über 40 FoodTok-Stars

Von Emily Stephenson

Mit einem Vorwort von Gordon und Tilly Ramsay

Fotos von Lauren Volo

südwest

1. Auflage

einem Unternehmen der Penguin Random House Verlagsgruppe GmbH, Neumarkter Straße 28, 81673 München

Die Originalausgabe erschien 2022 unter dem Titel » As cooked on TikTok: fan favorites and recipe exclusives from more than 40 TikTok creators!« bei Clarkson Potter, New York.

Hinweise

Das vorliegende Buch ist sorgfältig erarbeitet worden. Dennoch erfolgen alle Angaben ohne Gewähr. Weder Autor*innen noch Verlag können für eventuelle Nachteile oder Schäden, die aus den im Buch gegebenen Hinweisen resultieren, eine Haftung übernehmen.

Sollte diese Publikation Links auf Webseiten Dritter enthalten, so übernehmen wir für deren Inhalte keine Haftung, da wir uns diese nicht zu eigen machen, sondern lediglich auf deren Stand zum Zeitpunkt der Erstveröffentlichung verweisen.

Projektleitung: Vanessa Silbermann, Philipp Christ
Übersetzung: Dr. Ulrike Kretschmer
Satz & Redaktion: Matthias Liesendahl
Umschlaggestaltung für die deutschsprachige Ausgabe: OH, JA! (www.oh-ja.com) unter Verwendung eines Fotos von Lauren Volo.
Herstellung: Elke Cramer

Druck und Bindung: DZS Grafik d.o.o., Ljubljana
Printed in Slovenia

MIX
Papier aus verantwortungsvollen Quellen
FSC® C106600
www.fsc.org

Penguin Random House Verlagsgruppe
FSC® N001967
ISBN 978-3-517-10187-3
www.suedwest-verlag.de

Inhalt

Vorwort

Gordon: Als mir meine Tochter Tilly das erste Mal von TikTok erzählte, dachte ich, dabei ginge es nur ums Tanzen und Blödsinnmachen. Tilly war aber damals schon ein großer Fan und hatte jede Menge Spaß mit den Videos. Also beschloss ich, auch mal reinzuschauen, und ich war echt überrascht, wie kreativ die TikTok-User*innen in puncto Kochen waren – von den viral gehenden Rezepten über simple Hacks bis zu einigen der unglaublichsten Gerichte, die ich je gesehen habe. Da wurde mir klar, dass TikTok mehr als bloßes Entertainment ist – TikTok brachte gerade die nächste Generation von Foodies hervor und tut das immer noch.

Tilly: Ich habe einige lustige Transitions und Tänze mit meinem Dad gemacht, doch wirklich angetan hatten es mir all die Food-Kreationen. Ich liebe neue Rezepte und konnte Dad dank TikTok vielleicht sogar noch etwas beibringen. Und jetzt dieses Kochbuch – wow!

Gordon: In diesem Buch wimmelt es nur so von großen TikTok-Trends, innovativem Kochen und Gerichten, die sich zu Hause ganz easy nachkochen lassen. Nichts davon bräuchte meine Anmerkungen auf TikTok … außer natürlich, du baust wirklich Mist in der Küche.

Tilly: Dad! Sei nicht so gemein. Ich jedenfalls freue mich auf die tollen Rezepte und den Austausch mit ein paar richtigen Köchen – denen von TikTok. Kleiner Scherz, Dad!

Gordon: Aber jetzt mal im Ernst: Wir beide können es gar nicht abwarten, die Rezepte zu Hause mit der Familie auszuprobieren, und ihr findet sie bestimmt auch toll, da bin ich mir sicher!

Gordon und Tilly Ramsay
@gordonramsayofficial
@tillyramsay

Bevor du loslegst

Du kochst gern? Dann brauchst du in der Küche inzwischen nicht nur ein scharfes Messer, sondern auch dein Smartphone. Denn nicht selten entscheiden heute die Leute in deinen Feeds mit darüber, was bei dir abends auf den Tisch kommt – sowohl deine Freund*innen, die damit angeben, was sie gerade gekocht haben, als auch die Creators, denen du folgst und die einen Rezepthammer nach dem anderen raushauen (wir sagen nur: Feta-Pasta!). Aber es geht nicht nur darum, wem du folgst. Was das Kochen auf TikTok so besonders gemacht hat, ist die Gemeinschaft. Wenn du ein Video deiner Version eines allseits beliebten Rezepts postest, wirst du Teil der Community um das Gericht und damit selbst ein Creator. Du kannst einen Stitch oder ein Duett erstellen und so ganz nebenbei tonnenweise neue Leute kennenlernen, die deine Leidenschaft fürs Erzählen von Geschichten und für Knallerrezepte teilen.

Solche Interaktionen führen dazu, dass immer mehr Communitys um gemeinsame Interessen herum wie Pilze aus dem Boden schießen – von Kuchen-Afficionados bis zu Heißluftfritteusenfans. Da ist für jede Art von Koch oder Köchin etwas dabei, auch für die, die es eigentlich noch gar nicht gibt. Die Rezeptvideos auf TikTok reichen von Unter-der-Woche-wenn-die-Arbeit-schon-anstrengend-genug-war bis zu Endlich-Zeit-fürs-Kochen-am-Wochenende. Sie holen wirklich jeden ab – den mit den Instantnudeln im Vorratsschrank ebenso wie den, der seine Pasta mit 12 Eigelb aufwendig selber macht. Und ja, **#potato TikTok** ist der Hammer (für alle mit einer heimlichen Leidenschaft für Kohlenhydrate).

In diesem Buch dreht sich alles um das Aufregendste, das derzeit auf **#foodtok** passiert. Hier tummeln sich jede Menge talentierte Creators mit Ideen für Food, das originell ist, das Laune macht und das man am liebsten jeden Tag essen würde. Mehr als 40 Creators aus verschiedenen Ländern und Altersgruppen, die für einen bunten Mix an Küchen aus aller Welt stehen, sind hier versammelt, vom ausgebildeten Küchenprofi bis zum/zur ambitionierten Hobbykoch und -köchin. Eines aber haben sie alle gemeinsam: die Liebe zum Essen und die Liebe zu ihren Videos – natürlich in Endlosschleife.

»Hier tummeln sich Creators mit Ideen für Food, das originell ist, das Laune macht und das man am liebsten jeden Tag essen würde.«

Unter den 62 Rezepten findest du die Highlights der Creators und deren Follower*innen, ihre persönlichen Lieblings-Links und die Trends, die sich gehalten haben. Alle wurden daraufhin geprüft, dass sie auch in deiner Küche funktionieren. Sie decken alle Mahlzeiten des Tages ab, sind vegan, mit Fleisch, für eine oder mehrere Personen. Die Aromen von rund um den Globus werden garantiert auch deine Geschmacksknospen begeistern. Zudem kannst du hier Untergattungen wie **#steak TikTok**, **#cake TikTok**, **#drink TikTok** und weitere entdecken. Es gibt zwar auch Rezepte für eher Ambitionierte, doch die meisten sind überraschend einfach. Baked Oats? Sind wie ein Kuchen, der in unter 20 Minuten auf dem Tisch steht. Kein Wunder, dass die so abgegangen sind …

So funktioniert dieses Buch

In der App siehst du dir ein Video vielleicht ein paar (dutzend) Mal an, bevor du das Rezept nachkochst. Dasselbe gilt für das Buch. Lies dir das Rezept durch. Stell sicher, dass du Zutaten und Equipment beisammen hast. Die #lifehacks erleichtern dir das Kochen, die Infos erläutern bestimmte Kochtechniken, und unter »Schon gewusst?« erfährst du etwas über die verwendeten Zutaten.

Fürs gewisse Extra sorgt der QR-Code bei jedem Rezept (mehr dazu auf Seite 17)! Scan doch mal einen und lass dich überraschen. Vielleicht beantwortet dir das Video zum Rezept ja eventuelle Fragen (z. B. »Hab ich darauf jetzt Lust?«), oder du kannst dir

Rezeptversionen von anderen ansehen. So findest du womöglich eine vegane Variante, jemanden, dessen Follower*in du werden möchtest, oder dein nächstes Lieblings-Rabbit-Hole (gilt es schon als ASMR, wenn man sich 47 Versionen desselben Rezepts auf Video ansieht? Keine Ahnung, sag *du* es uns …). Vielleicht willst du aber auch einem Freund oder einer Freundin ein Rezept per DM schicken, nach dem er oder sie mit Sicherheit verrückt sein wird.

Am schönsten aber wäre es, wenn du mit diesem Buch vom Fan zum Creator werden würdest! Wie man ein gutes TikTok-Video macht, erfährst du auf Seite 16 von den Creators in diesem Buch selbst. Das kannst du wunderbar üben, indem du für Freund*innen und Familie kochst und dabei Aufnahmen und Einstellungen planst. Mach einfach dein Ding. Dagegen werden die, die hinterher das Essen genießen, sicherlich nichts einzuwenden haben.

Poste dein Video anschließend unter #foodtok **und werde Teil der wachsenden Community!**

Das Salz in der Suppe

Beim Salz gehen die Geschmäcker auseinander. Viele Creators in diesem Buch haben da ihre ganz persönlichen Vorlieben, die meist auch im Rezept stehen (siehe Tabelle unten). Steht nur »Salz« da, verwendest du einfach dein Lieblingssalz. Wenn du ein anderes Salz als das in der Zutatenliste angegebene nimmst, kannst du die Menge anhand der Tabelle unten umrechnen. 1 Teelöffel Diamond Crystal etwa entspricht ½ Teelöffel Tafelsalz. Einfach, oder?

Mengenentsprechungen bei verschiedenen Salzen	
Tafelsalz, feines Meersalz oder ein anderes feines Salz wie Himalaya-Salz	1 Teelöffel
Morton Kosher Salt oder ein anderes Meer- oder Steinsalz	1½ Teelöffel
Diamond Crystal Kosher Salt	2 Teelöffel

Auf einen Blick – die Icons

Bei jedem Rezept findest du mehrere Icons. Und das bedeuten sie:

Dieses Rezept ist vegan und enthält keinerlei tierische Produkte.

Für die Zubereitung dieses Gerichts brauchst du höchstens 30 Minuten.

Dieses Icon gibt an, für wie viele Personen das Rezept gedacht ist.

Bei jedem Rezept steht zudem ein QR-Code! Wenn du ihn scannst, siehst du den Creator des Rezepts auf TikTok in Aktion.

Ming Tsais Lieblingsküchenausrüstung

Ming Tsai ist ein TV-Starkoch, dessen Videos auf TikTok derzeit millionenfach aufgerufen werden. Darin findest du Tipps zur Küchenausstattung, Erläuterungen zu verschiedenen Kochtechniken und natürlich Rezepte ohne Ende.

Fürs Kochen zu Hause empfiehlt Ming Tsai das folgende Equipment. Bereit, ein wenig aufzurüsten?

Fünf Multifunktionsgeräte

Mandoline-Gemüsehobel

Der Hobel hobelt alles – Gurken, Sellerie, Karotten und sogar Pilze – in supergleichmäßige Scheiben.

Messer und Schleifgeräte

Scharfe Messer sind ein Muss in jeder Küche. Deshalb ist es auch wichtig zu wissen, wie man sie schleift. Dafür braucht man zunächst einen Schleifstein. Für den anschließenden Feinschliff bieten sich ein Keramikwetzstab und ein Lederriemen an. Da bleibt kein Messer stumpf!

Klassischer Fischheber

Denn wie könnte man sonst Fisch in der Pfanne wenden, ohne dabei ein Massaker anzurichten? Und das Beste: Man kann damit nicht nur Fisch, sondern auch Pfannkuchen und Gemüse wenden.

Gusseiserne Pfanne

Meine Lieblingspfanne ist die gusseiserne – ich hatte eine mal über 20 Jahre lang. Ist sie erst gut »eingearbeitet«, ist sie so vielseitig wie eine beschichtete Pfanne: Du kannst in ihr Eier, Fisch oder Steaks braten, sie eignet sich aber auch für Gemüse und Pfannkuchen.

Microplane-Reibe

Beim Kochen und Backen braucht man sehr häufig Geriebenes, deshalb ist eine gute Reibe ausgesprochen wichtig. Und du glaubst ja gar nicht, was man alles reiben kann: die Schale von Zitrusfrüchten, Schokolade, Muskatnüsse, Käse, Knoblauch ... Wer einmal eine Reibe in die Hand bekommt, fragt sich, wie er je ohne sie hat auskommen können.

Fünf Spezialgeräte

Sesammühle

Dieses Gerät ist schon sehr speziell, macht aber viel Spaß! Damit kann man ganz leicht Gerichte mit gerösteten Sesamsamen garnieren und so für einen wunderbar nussigen Geschmack sorgen.

Maisschäler

Ich liebe frischen Mais. Das Gerät ist so leicht zu handhaben und funktioniert so gut, dass die Maiskörner im Nu weiterverarbeitet werden können.

Spiralschneider

Ich koche andauernd mit Nudeln aus Zucchini, Kürbis, Karotte & Co. Der Spiralschneider schneidet aber auch Kartoffeln und Knollensellerie, die frittiert ein cooles Topping ergeben.

Muskatnussreibe

Frisch gemahlene Gewürze schmecken einfach besser. Mit diesem Gerät kann man aber auch Trüffel reiben.

Schnurloser Aufschäumer

Der eignet sich nicht nur für Milch, er verleiht auch Saucen den letzten luftigen Schliff.

Wie man ein tolles Kochvideo macht (Leuten zufolge, die es wissen müssen)

Klingt vielleicht blöd, aber: Wähle ein gutes Rezept aus

»Ich glaube, die Leute merken, wenn jemand etwas kocht, das er eigentlich nicht mag. Koche also, was du gern isst, dann werden dir die Leute auch folgen«, sagt @theemoodyfoody. Ist das neueste Trendrezept irgendwie bäh für dich, solltest du es einfach übergehen!

Noch besser: @renes.cravings und @goldengully sind sich einig, dass die Zubereitung eines Gerichts, das mit einer persönlichen Geschichte verbunden ist, auch das Video davon zu etwas Besonderem macht. »Immer mehr Leute wollen wissen, welche Person oder Community hinter dem Rezept steht«, so @lahbco. »Wo ist es entstanden, warum ist es für denjenigen etwas Besonderes, wie kann ich es an meine Vorlieben anpassen – all diese Fragen stelle ich mir, wenn ich mir ein Video ansehe.«

Bereite dich gut vor

Hast du »dein« persönliches Rezept gefunden, musst du dich etwas vorbereiten. Mach immer erst einmal einen Testlauf, rät dir @chelsweets, denn du willst ja auch, dass deine Zuschauer*innen Erfolg haben! @rootedinspice macht sich einen genauen Plan: »Unter der Woche, nach der Arbeit, teste ich die Rezepte, damit ich genau weiß, welche Zutaten und wie viel davon ich brauche. Am Wochenende filme ich dann, schneide und nehme einen Begleitkommentar auf, der das Gericht oder meine Verbindung dazu erklärt.« (Noch ein Punkt für ein persönliches Rezept.)

Es ist wichtig, jeden Zubereitungsschritt zu planen, so @cheflorena, denn man muss viel schneiden, um das Rezept in einem kurzen Video rüberzubringen. Und selbst mit einem guten Equipment kann man nicht alles retten! Überlege, wie dein Video aussehen soll, *bevor* du mit dem Filmen beginnst.

Bring dich in die richtige Stimmung

Hier sind sich alle einig: Das Video braucht deine einzigartige Persönlichkeit! Nur wenn du du selbst bist, kommen deine Follower*innen immer wieder auf dich zurück. »Ich werde oft gefragt, welche Kameras ich benutze, welche Bearbeitungssoftware etc. Das ist alles nicht wirklich wichtig. Ich hab mit meinem Smartphone angefangen, den Erfolg brachten meine Persönlichkeit und harte Arbeit«, verrät @ramenkingivan.

Kreativität, Geduld und buchstäblicher Hunger sind ebenfalls hilfreich, so @tazxbakes. (Bei Letzterem stimmt @ballehurns zu: Nur wer Hunger hat, freut sich aufs Essen.) Was für die @twincoast-Schwestern auch bedeutet, dass man sich vor dem Filmen in die richtige Stimmung bringen muss: »Deine Energie ist wichtig. Du musst gespannt und zuversichtlich sein, das überträgt sich auf deine Zuschauer*innen.«

Verrate mir deinen Lifehack ...
TikTok ist berühmt für seine tollen Lifehacks – neue Methoden, Alltagsaufgaben wie das Aufschlagen eines Eis, das Aufwärmen von Resten in der Mikrowelle oder das Schneiden einer Paprikaschote zu erledigen. Jeder Hack in diesem Buch wurde getestet (die Rezepte übrigens auch), um sicherzustellen, dass er tatsächlich funktioniert. Auf Hacks, die dir bei der Zubereitung eines Gerichts helfen, wird entsprechend verwiesen. Lies dir den Hack durch, übe ihn – und gib ihn weiter!

Achte auf die Beleuchtung

Die Gerichte müssen natürlich auch gut aussehen. »Bei Kochvideos ist die Beleuchtung absolut entscheidend«, so @newt. »Mit der richtigen Beleuchtung sieht das Essen gleich viel besser aus, was dazu führt, dass sich mehr Leute deine Videos ansehen.« Pragmatisch weist @cookingbomb auch noch darauf hin: »Nur bei guter Beleuchtung lassen sich die Details beim Kochen gut erkennen.«

Mach was Besonderes draus

Damit sich dein Video von anderen unterscheidet, musst du etwas Persönliches einbauen. @cookingwithlynja etwa verwendet dafür Memes (und zwar wahrscheinlich besser als alle anderen da draußen). @thelucasassis_ streut auch gern mal Wissenswertes ein. »Schließlich wollen wir doch alle etwas lernen!«

»Ich versuche, meinen Zuschauer*innen immer etwas mit auf den Weg zu geben«, so @sheffara. »Solange mein Content für irgendjemanden lehrreich oder unterhaltsam ist, bin ich zufrieden.« Fun Facts, Humor, Gastfreundschaft, gutes Storytelling, coole Memes – wodurch sonst lernen deine Zuschauer*innen dich besser kennen?

Schreib das auf und lies es dir immer wieder durch:

»Es soll vor allem Spaß machen.« (@chefchrischo)

QR-Codes

Scannen und überraschen lassen: Der QR-Code bei jedem Rezept bringt dich direkt zu TikTok und dem Creator des Rezepts.

*Viele der Rezepte sind mit Videos verlinkt, die du dir ansehen und per DM an deine Freund*innen schicken kannst, bevor du selbst mit dem Kochen loslegst. Und falls du mal Unterschiede zwischen der Video- und der Buchversion entdeckst: Das soll so sein! Manche Rezepte haben sich weiterentwickelt, als das Buch produziert wurde, und sind jetzt irgendwie sogar noch besser. Halte dich im Zweifelsfall einfach ans Rezept im Buch – wir haben die Rezepte wirklich oft getestet!*

Führt dich der Link zum Feed des Creators, hat das Rezept vielleicht sein TikTok-Debüt! Die TikTok-Versionen der Rezeptfans findest du beim Scrollen durch #foodtok.

Zitronen-Blaubeer-Kekse (Seite 36)

Frühstück wann du willst

Familienrezept!

2–4 PORTIONEN

Chilaquiles rojos

@theemoodyfoody

Fabrizio hat das Chilaquiles-Rezept seiner Familie zwar leicht angepasst, es aber (überwiegend) traditionell belassen. Die eine Zutat, die er nie weglässt, ist der frische Epazote, auch Mexikanischer Drüsengänsefuß genannt, ein Kraut mit unvergleichlichem Duft und Geschmack. Es erinnert ihn immer an besondere Familienfeste. Am besten bestellst du dir die Samen im Internet und baust das Kraut auf dem Balkon an. In Fabrizios Rezept werden die Tortillachips selbst frittiert – wer dafür nicht die Zeit hat, nimmt Chips aus der Tüte, aber bitte qualitativ hochwertige.

- 4 getrocknete De-Árbol-Chilischoten
- 3 getrocknete Guajillo-Chilischoten
- 4 mittelgroße Pflaumentomaten
- ¼ mittelgroße Gemüsezwiebel, abgezogen
- 3 Knoblauchzehen, abgezogen *(siehe #lifehack S. 22)*
- 2 TL getrockneter Mexikanischer Oregano
- 1 TL Kreuzkümmelsamen
- Salz
- schwarzer Pfeffer, frisch gemahlen
- 1 EL neutrales Pflanzenöl + mehr zum Frittieren
- 12 Maistortillas (10–15 cm Ø), in jeweils 4 oder 6 Stücke geschnitten
- einige Zweige frischer Epazote (optional, aber sehr empfohlen)
- einige Stängel frischer Koriander zum Garnieren *(siehe #lifehack S. 101)*
- ¼ mittelgroße rote Zwiebel, abgezogen und in dünne Scheiben geschnitten *(siehe »Spar dir die Tränen« S. 86)*
- 60 g Crème fraîche
- 35 g Queso fresco, zerkrümelt

Die De-Árbol- und Guajillo-Chilischoten mit einem Flambierbrenner oder in einer gusseisernen Pfanne bei hoher Temperatur ansengen, bis sie hier und da schwarze Stellen aufweisen. Die Stiele entfernen, die Samen können in den Schoten bleiben.

Tomaten, Gemüsezwiebel, Knoblauch und angesengte Chilischoten in einen mittelgroßen Topf geben und knapp mit Wasser bedecken. Zugedeckt zum Kochen bringen und das Ganze etwa 8 Minuten köcheln lassen, bis die Zwiebel weich ist und sich die Chilischoten mit Wasser vollgesogen haben und biegsam sind.

Das Gemüse mit einem Schaumlöffel herausnehmen und in einen Mixer geben. Die Garflüssigkeit aufbewahren. Oregano und Kreuzkümmelsamen ebenfalls in den Mixer geben und alles mixen, bis sich

Fortsetzung ▸

eine glatte und eher dickflüssige Sauce gebildet hat. Sollte die Sauce zu dickflüssig geworden sein, bei laufendem Mixer nach und nach etwas Garflüssigkeit unterrühren – jeweils nur einen Spritzer –, bis die gewünschte Konsistenz erreicht ist (Fabrizio mag die Sauce nicht zu dünnflüssig). Die Sauce mit Salz und Pfeffer würzen.

Einen tiefen Topf mit schwerem Boden, beispielsweise einen Schmortopf, 5 Zentimeter hoch mit Öl befüllen und dieses auf 175 °C erhitzen (mit einem Küchenthermometer kontrollieren). Ein Backblech oder einen Ofenrost mit Küchenpapier belegen.

Hat das Öl die richtige Temperatur erreicht, die Tortillastücke portionsweise in 3 bis 5 Minuten goldbraun darin frittieren. Dabei darauf achten, dass der Topf nicht zu voll wird, sonst werden die Tortillachips nicht knusprig. Die Chips mit einem Schaumlöffel herausheben und zum Abtropfen auf das Küchenpapier legen. Zwischen den einzelnen Portionen das Öl immer wieder auf 175 °C erhitzen.

In einer großen gusseisernen Pfanne 1 Esslöffel Pflanzenöl bei mittlerer bis hoher Temperatur erhitzen. Vorsichtig die Sauce hineingießen und den Epazote dazugeben. Die Sauce mit dem Kraut noch einmal etwa 5 Minuten köcheln lassen. Mit Salz und Pfeffer abschmecken. Den Epazote herausfischen und entsorgen.

Die Tortillachips in die Sauce geben und vorsichtig unterrühren, bis alle Chips etwas Sauce abbekommen haben. Die Chilaquiles auf Schalen verteilen und mit Koriander, roter Zwiebel, Crème fraîche sowie Queso fresco garnieren.

#lifehack
Knoblauch abzuziehen, indem man ihn mit der breiten Seite einer Messerklinge zerdrückt, funktioniert zwar ausgezeichnet, doch manchmal bringt es auch einfach Spaß, etwas mal anders zu machen. Knoblauch per Mikrowelle abzuziehen funktioniert nämlich ebenfalls sehr gut: Dafür die Zehen in eine mikrowellenfeste Schale geben und diese für 10 Sekunden in die Mikrowelle stellen. Lässt sich die Schale dann noch nicht lösen, den Knoblauch in 5-Sekunden-Intervallen weiter erhitzen. Dieser Hack eignet sich vor allem dann, wenn der Knoblauch nach dem Abziehen in Scheiben geschnitten oder gehackt wird – zum Reiben macht ihn die Mikrowelle etwas zu weich.

Giadas und Jades Frühstücks-Croissantpanini

@giadadelaurentiis

Am Sonntag machen Giada und ihre Tochter Jade aus einfachen Croissants gern ganz besondere Frühstückspanini. Die kannst du süß oder herzhaft genießen – doch für welche Variante auch immer du dich entscheidest: Das schnelle Frühstück ist luxuriös genug fürs Wochenende und dabei so unaufwendig, dass es sich auch für unter der Woche eignet. Also: Ran ans Werk!

Die Croissants längs halbieren und die Füllung hineingeben (unten findest du einige von Giadas und Jades Lieblingsfüllungen, doch natürlich kannst du auch deine eigenen Kombinationen ausprobieren!). Für etwa 2 Minuten in den vorgeheizten Sandwich Maker geben, bis die Croissants goldbraun sind.

Mal süß ...

- Schokoladen-Haselnuss-Brotaufstrich + Erdbeeren oder Banane
- Mascarpone (oder Frischkäse) + Himbeeren
- Mandelmus + Birne (und 1 Prise Zimt)
- Gesalzene Butter + Honig

... mal herzhaft

- Geräucherte Putenbrust + Apfel + Cheddar
- Schwarzwälder Schinken + Gruyère (und als Croque-Madame-Variante ein Spiegelei obendrauf!)
- Knuspriger Bacon + kalabrische Chilischote + Provolone
- Mozzarella + roher Schinken
- Avocado + Chiliflocken + Tapenade

Einige (der vielen) Eiertrends auf TikTok

Man nehme die leichteste Zutat ever (Eier!), kombiniere sie mit unser aller Vorliebe für eine innovative Abkürzung, und heraus kommt eine unendliche Vielzahl an bahnbrechenden neuen Möglichkeiten, die erste Mahlzeit des Tages zuzubereiten.

Das TikTok-Frühstückssandwich

Dieses Bacon-Eier-Käse-Sandwich braucht nur eine Pfanne und lässt sich kreativ zusammenfalten. Und groß abwaschen muss man auch nicht. (Veganer, schaut euch mal das Frühstückssandwich auf Seite 28 an!)

Das allerfluffigste Ei überhaupt

Warum als Frühstückstopping ein pochiertes Ei wählen, wenn man ein *Wolkenei* haben kann? Dafür verquirltes Eiweiß im Ofen backen, das Eigelb in die Mitte geben, erneut kurz im Ofen backen und auf buchstäblich jedes Essen setzen, um dieses aufzuwerten.

Die einzig nötige Omeletttechnik

Dazu gehört natürlich Käse. Geriebenen Käse in einer dünnen, gleichmäßigen Lage in einer beschichteten Pfanne bräunen und die verquirlten Eier darübergeben. Ein Omelett mit Käsekruste – was will man mehr?

Honig +
Chiliflocken =
Pesto-Ei-Magie!

UNTER 30 MINUTEN

1 PORTION

1 Scheibe Sauerteigbrot

1 EL Pesto, selbst gemacht oder gekauft

1 Ei (Größe L)

Salz

schwarzer Pfeffer, frisch gemahlen

Chiliflocken, auch zum Bestreuen (optional)

2 EL Ricotta

½ kleine Avocado, geschält und in dünne Scheiben geschnitten

Honig zum Beträufeln

Meersalzflocken zum Bestreuen (optional)

Pesto-Ei-Toast

@amywilichowski

Ähnliche Rezepte schwirren schon eine Weile durchs Netz, doch vielleicht hat Amys scharf-süße Garnierung dafür gesorgt, dass ihre Version auf TikTok viral gegangen ist. Für diese Frühstücksvariante brauchst du nur einen Esslöffel Pesto pro Ei (das hilft beim Hochrechnen) und etwas Aufmerksamkeit, damit dir das Pesto nicht anbrennt. Dafür wirst du mit einem knusprigen, kräutrigen Ei und einem so günstigen Aufwand-Ergebnis-Verhältnis belohnt, dass man beinahe das Gefühl bekommen könnte, man habe beim Kochen gemogelt.

Das Brot rösten.

In der Zwischenzeit das Pesto in eine kleine beschichtete Pfanne geben und mit einem Spatel gleichmäßig darin verteilen. Bei niedriger bis mittlerer Temperatur erwärmen.

Sobald das Pesto Blasen wirft, das Ei in die Pfanne schlagen und dieses mit Salz, Pfeffer sowie Chiliflocken würzen. Das Ei bis zum gewünschten Gargrad braten (Amy mag es etwas mehr als medium, sodass das Eigelb nur noch ganz leicht flüssig ist). Dabei die Hitze reduzieren, wenn das Pesto anzubrennen droht.

Das geröstete Brot mit Ricotta bestreichen und anschließend mit einer Gabel die Avocadoscheiben auf dem Ricotta zerdrücken. Das Pesto-Ei daraufgeben und mit Honig beträufeln. Mit Meersalz- und weiteren Chiliflocken bestreuen.

UNTER 30 MINUTEN

2 PORTIONEN

VEGAN

Das ultimative Frühstückssandwich

@thekoreanvegan

Joanne, berühmt für ihre erstklassigen veganen Kreationen, hat sich dieses saftige, warme, einfach perfekte Frühstückssandwich für einen Brunch zu besonderen Anlässen und faule Sonntagvormittage ausgedacht. Und das Beste daran: Es steht schneller auf dem Tisch als ein Tofurührei. Für die Zubereitung des Omeletts ist eine sehr gute beschichtete Pfanne unverhandelbar, und mit einem bunten Mix an Gemüse obenauf wird das Sandwich zur vollwertigen Mahlzeit, die auch mittags oder abends schmeckt.

1 EL Olivenöl extra vergine

240 ml flüssiger Ei-Ersatz

2 Scheiben veganer Käse

½ veganes Würstchen, in 6 mm dicke Scheiben geschnitten

Salz (Joanne verwendet Meersalz)

schwarzer Pfeffer, frisch gemahlen

2 Bagels

1 EL vegane Mayonnaise

½ große Tomate, in Scheiben geschnitten (Joanne mag alte Sorten)

¼ Avocado, geschält und in dünne Scheiben geschnitten

20 g Babyrucola

1 EL Balsamicoessig

Das Olivenöl in einer kleinen beschichteten Pfanne bei mittlerer bis niedriger Temperatur erhitzen. Den Ei-Ersatz hineingießen und die Pfanne schwenken, damit sich die Masse gut darin verteilt. Etwa 2 Minuten braten, bis sie Blasen zu bilden beginnt, dann den Käse und die Wurstscheiben in die Mitte geben. Mit Salz und Pfeffer würzen.

Wenn der Ei-Ersatz nach weiteren 2 bis 3 Minuten unten zu bräunen beginnt und sich leicht aus der Pfanne lösen lässt, die Seiten des Omeletts zur Mitte hin einschlagen; die eine Seite sollte die andere wie bei einem Briefumschlag überlappen (das erfordert eventuell ein wenig Übung). Das Zusammenklappen funktioniert mit einem sehr dünnen Silikonspatel oder einer Winkelpalette recht gut. Wer dabei die Pfanne schräg hält, bekommt noch Unterstützung mittels Schwerkraft.

Das Omelett mit einem Silikonspatel oder einem anderen geeigneten Küchenhelfer vorsichtig wenden. Nochmals etwa 1 Minute braten, bis beide Seiten leicht gebräunt sind und die Masse durchgegart ist. Das Omelett anschließend auf ein Schneidbrett geben und halbieren.

Die Bagels ebenfalls halbieren und rösten. Jeweils eine Bagelhälfte mit etwas Mayonnaise bestreichen. Die unteren Bagelhälften mit jeweils einer Omeletthälfte belegen. Darauf Tomaten- und Avocadoscheiben sowie Rucola verteilen. Mit Balsamicoessig beträufeln und mit Salz sowie Pfeffer bestreuen. Mit den oberen Bagelhälften abschließen und servieren.

Für Könner: Joanne wendet das Omelett mit Stäbchen.

UNTER 30 MINUTEN

3–4 PORTIONEN

VEGAN

Granatapfel-Poha

@rootedinspice

Poha – vorgekochte, gepresste Reisflocken, die du im Asialaden oder online bekommst – sind im indischen Bundesstaat Maharashtra ein beliebtes Frühstück. Chaheti hat schon als Kind ihre eigene, brillante Version des Gerichts entwickelt: Sie gab einfach Ketchup auf die Reisflocken, um das perfekte Gleichgewicht von säuerlich und süß zu erreichen. Heute nimmt sie frische Granatapfelkerne, die nicht nur für den richtigen Crunch sorgen, sondern das Poha auch wunderbar saftig und aromatisch machen. Stell dir alles, was du brauchst, bereit, denn das Kochen geht dann ganz fix. Und so wirst auch du im Handumdrehen zum Poha-Profi!

- 1½ TL neutrales Pflanzenöl
- 1 TL Senfkörner
- ½ TL Fenchelsamen
- 1 Prise Asafoetida *(siehe »Schon gewusst?« S. 32)*
- 10 Kadi Patta (Curryblätter)
- 1 kleine rote Zwiebel, abgezogen und gewürfelt *(siehe »Spar dir die Tränen« S. 86)*
- 3 frische grüne Vogelaugen- oder Serrano-Chilischoten, gehackt
- 2 mittelgroße rote Kartoffeln, ungeschält und gewürfelt
- ½ TL gemahlene Kurkuma
- Salz
- 1 große Tomate, gewürfelt
- 130 g TK-Erbsen, abgespült und abgetropft (sie müssen nicht ganz aufgetaut sein)
- 130 g grobes Poha (nicht mittelfein oder fein)
- 80 g Granatapfelkerne
- Sev (knusprige dünne Nudeln aus Kichererbsenmehl) zum Bestreuen (optional)

Das Öl in einer großen Pfanne bei niedriger Temperatur erhitzen. Senfkörner und Fenchelsamen hineingeben und nur wenige Sekunden rösten, bis die Senfkörner zu knistern und zu platzen beginnen. Zuerst Asafoetida, dann sehr vorsichtig und rasch die Kadi Patta hinzufügen (Achtung: Es spritzt!) und 10 Sekunden mitbraten.

Zwiebelwürfel und gehackte Chilischoten dazugeben. Die Hitze auf mittlere Temperatur erhöhen und die Zwiebelwürfel in etwa 2 Minuten glasig dünsten. Die Kartoffelwürfel hinzufügen, mit Kurkuma bestäuben und mit Salz würzen. Alles 2 bis 3 Minuten weiterbraten.

Tomatenwürfel und Erbsen unterrühren und alles zugedeckt bei mittlerer bis niedriger Temperatur etwa 5 Minuten weiterbraten, bis die Kartoffeln gar sind.

In der Zwischenzeit das Poha in ein Sieb geben, 1 Minute unter fließendem kaltem Wasser abspülen und anschließend gut abtropfen lassen. 5 Minuten quellen lassen; das Poha ist so weit, wenn es sich leicht zwischen den Fingern zerdrücken lässt.

Fortsetzung ▸

Poha ist schon vorgekocht – einen Extratopf dafür brauchst du also nicht!
Serviere das Poha mit Masala Chai (siehe S. 171) zum Frühstück!

Das Poha in die Pfanne geben und alles mit 2 Esslöffel Wasser beträufeln. 2 Minuten weiterbraten, dabei gelegentlich vorsichtig umrühren; das Poha sollte nicht matschig werden. Bei einigen Reisflocken die Garprobe machen: Sind sie noch nicht gar, weitere 1 bis 2 Minuten braten.

Die Pfanne vom Herd nehmen und das Poha mit Salz abschmecken. Die Granatapfelkerne unterrühren und mit Sev bestreut servieren.

Schon gewusst?

Asafoetida oder Asant ist das getrocknete und gemahlene Harz des wilden Fenchels und ein Gewürz, das jedes Gericht ordentlich aufpeppt. Eine kleine Menge reicht schon aus, wenngleich Chaheti ihre Prisen mit dem Löffel abmisst. Zu empfehlen ist es allerdings, das Glas nach Gebrauch wieder fest zu verschließen, denn nicht umsonst wird die Pflanze auch Stinkasant genannt.

2 PORTIONEN

VEGAN

Vegane Kokos-Vanille-Smoothie-Bowls

@twincoast

Die Schwestern Ashley und Taylor haben das Hochleistungsmixen zu einer beruhigenden Kunstform perfektioniert. Millionen von Follower*innen können gar nicht genug von ihren Smoothie-Kugeln kriegen (wer sie kennt, weiß, was wir meinen). Diese Smoothie-Bowls sind von Vanilleeis inspiriert, dabei aber vegan und fürs Frühstück geeignet. Die Kokoscremewürfel und das Einfrieren der Bananenstücke musst du schon am Vorabend machen – den Rest erledigt am nächsten Morgen dein Hochleistungsmixer.

Für die Kokoswürfel

1 Dose Kokoscreme (400 ml)

Für die Smoothie-Bowls

2 mittelgroße Bananen, in 5 cm große Stücke geschnitten und tiefgefroren

120 ml Pflanzendrink mit Vanillegeschmack (Ashley und Taylor verwenden immer aromatisierte Mandelmilch)

1 TL Vanilleextrakt

geröstete Kokoschips zum Garnieren

Für die Kokoswürfel: Die Kokoscreme in eine normale Eiswürfelform füllen (größere Eiswürfel lassen sich im Mixer nicht so leicht zerkleinern) und für mindestens 8 Stunden, idealerweise aber über Nacht ins Gefrierfach stellen. Die durchgefrorenen Würfel aus der Form drücken, in einen Plastikbeutel geben und bis zu 2 Wochen für Smoothie-Upgrades aufbewahren.

Für die Smoothie-Bowls: 4 Kokoswürfel, die gefrorenen Bananenstücke, den Pflanzendrink sowie das Vanilleextrakt in einen Hochleistungsmixer geben und auf höchster Stufe in etwa 1 Minute zu einer glatten und cremigen Mischung mixen. Der Smoothie soll eher zähflüssig sein, doch kommt der Mixer nicht weiter (und hast du es mit dem Hack unten probiert), kann nach und nach mehr Pflanzendrink zugegeben werden – je nach Mixer bis zu weitere 120 Milliliter.

Auf 2 Schalen verteilen, mit gerösteten Kokoschips garnieren und sofort servieren.

#lifehack
Hat dein Mixer Mühe, schalte ihn aus und schabe mit einem Gummispatel den Inhalt von den Wänden des Behälters nach unten in die Nähe der Klinge. Sollte sich unten Obst festgesetzt haben, dieses ebenfalls lösen. Anschließend mit dem Mixen fortfahren.

4–5 PORTIONEN

Pancake-Cereal

@myhealthydish

Der Pancake-Cereal-Hype begann, als die TikTokerin Sydney Melhoff die geniale Idee hatte, kleine Tropfen Pfannkuchenteig in der Pfanne zum Star auf dem Teller zu machen. Die Idee hat sich schneller verbreitet als schmelzende Butter auf einem Stapel Pancakes. Mys Beitrag zum Trend war neben einem perfekten Pancake-Rezept ein Tutorial-Video, in dem alle, wirklich alle Fragen rund ums Thema beantwortet werden: Nein, du musst nicht jeden winzigen Pancake einzeln wenden. Und ja, eine Crêpe- bzw. Pfannkuchenpfanne (mini oder normal groß) ist zum Backen vollkommener Pancakes absolut unerlässlich.

Für die Pancakes

- 280 g Mehl *(siehe #lifehack S. 155)*
- 2 TL Backpulver
- 2 TL Zucker
- ¼ TL Tafelsalz *(siehe S. 13)*
- 2 Eier (Größe L)
- 395 ml Milch
- 45 g Butter

Außerdem

- Ahornsirup
- Butter (optional)
- Milch (optional)

In einer großen Schüssel Mehl, Backpulver, Zucker und Salz vermischen. In einer weiteren Schüssel zunächst die Eier verquirlen und diese dann mit der Milch glatt rühren.

Die feuchten Zutaten zu den trockenen geben und alles so lange verrühren, bis ein glatter Teig entstanden ist. Ist der Teig zu dickflüssig, nach und nach noch etwas Milch unterrühren. Den Teig in eine Quetschflasche füllen.

Eine Crêpepfanne bei mittlerer bis hoher Temperatur erhitzen. 15 Gramm Butter darin zerlassen und durch Schwenken der Pfanne gleichmäßig darin verteilen. Kleine, etwa münzgroße Portionen Teig in die Pfanne drücken; dabei etwas Platz lassen, damit sich die Tropfen verteilen können, aber möglichst viele unterbringen, um Backzeit zu sparen. Es sollte etwa ein Drittel des Teigs in die Pfanne passen.

Etwa 2 Minuten backen, bis die Mini-Pancakes oben trocken sind, dann mithilfe zweier Pfannenwender wenden. 2 bis 3 Minuten weiterbacken, bis die Pancakes goldbraun sind und knusprige Ränder haben. Sollten sie zu schnell bräunen, die Hitze etwas reduzieren.

Das Pancake-Cereal aus der Pfanne auf einen Teller geben. Mit der restlichen Butter und dem restlichen Teig ebenso verfahren.

Das Cereal auf Schalen verteilen und mit Ahornsirup beträufeln. Etwas Butter und Milch darübergeben und sofort genießen.

Milch ist hier kein Muss (»Cereal« verweist auf die Größe der Pancakes), Ahornsirup schon!
Durch die Quetschflasche sind die kleinen Pancakes alle gleich groß!

8 KEKSE

340 g Butter

560 g Mehl *(siehe #lifehack S. 155)* + etwas mehr für die Arbeitsfläche

4 TL Zucker

1 EL Backpulver

2 TL Diamond Crystal Kosher Salt oder ein anderes Meer- oder Steinsalz *(siehe S. 13)*

1 TL Natron

2 Bio-Zitronen

240 g frische Blaubeeren

480 g Buttermilch

Honig zum Beträufeln (optional)

Zitronen-Blaubeer-Kekse

@jerryyguerabide

Jerry, Profikoch und #CEOoftortillas, konnte einfach kein Rezept finden, das zwei seiner Favoriten vereint: Zitronen-Blaubeer-Pancakes und frisch gebackene Kekse. Also tat er, was jede*r gute Küchenchef*in tun würde – er entwickelte selbst eins. Um den Teig so richtig fluffig zu kriegen, übernimmst du einfach Jerrys brillante Technik. Das schont die Küchenmaschine beziehungsweise deinen Geduldsfaden (so musst du nicht 15 Minuten damit verbringen, Butter in winzige Stückchen zu schnipseln).

225 Gramm Butter für 30 Minuten ins Tiefkühlfach legen. Den Backofen auf 230 °C vorheizen und ein Backblech mit Backpapier belegen.

In einer großen Schüssel Mehl, Zucker, Backpulver, Salz und Natron vermischen. Mit einer Microplane-Reibe *(siehe S. 15)* die Schale von 1 Zitrone in die Schüssel reiben und unter die Mehlmischung rühren. Die Blaubeeren hinzufügen und vorsichtig unterheben.

Die gefrorene Butter in der Mehlmischung wenden und anschließend auf einer groben Reibe direkt ins Mehl reiben. Rasch mit den Fingern unterrühren. Die Buttermilch dazugießen und noch einmal alles rasch verrühren – der Teig sollte nicht zu viel bearbeitet werden.

Eine saubere Arbeitsfläche mit Mehl bestäuben und den Teig daraufgeben. Den Teig sowie ein Nudelholz und einen Dessertring (8 cm Ø) ebenfalls mit Mehl bestäuben; wer keinen Dessertring hat, benutzt einen Keksausstecher oder ein Glas mit ähnlichem Durchmesser.

Den Teig vorsichtig zu einem 2½ Zentimeter dicken Rechteck ausrollen – vorsichtig, damit die Blaubeeren nicht zerquetscht werden. Das Rechteck sollte annähernd gleichmäßig sein.

Die linke Seite des Rechtecks zur Mitte hin einschlagen, dann die rechte Seite darüberschlagen. Vorsichtig erneut ausrollen. Das Ganze noch 2-mal wiederholen, sodass Schichten im Teig entstehen. Den Teig zwischendurch bei Bedarf nochmals mit Mehl bestäuben.

8 Kekse ausstechen und auf das vorbereitete Backblech legen. Dafür muss der Teig eventuell noch einmal ausgerollt werden. (Die zum Schluss übrig gebliebenen Teigreste können entweder entsorgt oder als Belohnung für den Koch mitgebacken werden!) Wer es eilig hat, sticht keine runden Kekse aus, sondern teilt das Rechteck mit einem Teigportionierer einfach in 8 Stücke.

Die restliche Butter bei niedriger Temperatur in einem kleinen Topf zerlassen. Anschließend die Kekse auf dem Backblech mit der zerlassenen Butter bestreichen.

Die Kekse 16 bis 17 Minuten im Ofen backen, bis sie aufgegangen, durchgebacken und die Ränder goldbraun sind. Aus dem Ofen nehmen und mit der restlichen zerlassenen Butter bestreichen.

Die Schale der restlichen Zitrone mithilfe einer Microplane-Reibe über die fertigen Kekse reiben und die Kekse anschließend mit Honig beträufeln. Warm servieren.

Am besten schmecken die Zitronen-Blaubeer-Kekse direkt aus dem Ofen, übrig gebliebene können jedoch in einem Zip-Beutel im Kühlschrank bis zu 3 Tage aufbewahrt werden. Vor dem Verzehr dann einfach nochmals 5 bis 6 Minuten im 175 °C heißen Backofen erwärmen.

Mehr Wumms bekommen die Oats, wenn du einen Löffel voll Proteinpulver zu den Haferflocken in den Mixer gibst.

1 PORTION

Beerige Cheesecake-Baked-Oats

@lahbco

Baked Oats sind nicht nur eine Lebensphase – sie sind eine Weltanschauung. Nasim liebt Haferflocken und hat schon immer gesagt, dass »Frühstück Nachtisch und Nachtisch Frühstück« ist. Hier also eine ganz neue Möglichkeit, ein paar »Käsekuchen trifft auf Kuchen mit flüssigem Kern«-Vibes schon vor elf Uhr morgens in deinen Tag zu bringen. Gesund (na ja, fast) wird das Ganze durch jede Menge Beeren oder die Plant-based-Variante.

Für die Baked Oats

Butter oder vegane Alternative für die Form

50 g Haferflocken

80 ml Milch oder ungesüßter Pflanzendrink

½ große Banane, zerdrückt

1 EL Ahornsirup

1 TL Backpulver

1 TL Vanilleextrakt

¼ TL Meer- oder Steinsalz

40 g gemischte Beeren, frisch oder TK und aufgetaut

Für die Frischkäsefüllung

2 EL zimmerwarmer *(siehe #lifehack S. 148)* Doppelrahmfrischkäse oder vegane Alternative

1 TL Puderzucker + etwas mehr zum Bestäuben

1 TL Vanilleextrakt

½ TL Zitronensaft, frisch gepresst *(siehe #lifehack S. 155)*

1 Prise Salz

Einen Ofenrost im unteren Drittel in den Backofen schieben und den Backofen auf 175 °C vorheizen. Eine Auflaufform (10 cm Ø) mit Butter einfetten.

Für die Baked Oats: Haferflocken, Milch, Banane, Ahornsirup, Backpulver, Vanilleextrakt und Salz in einen Mixer – oder bei Verwendung eines Pürierstabs in ein hohes Gefäß wie z. B. ein Glas – geben und alles gründlich verrühren (Nasim mag den Teig gern etwas stückig). Den Teig in die vorbereitete Form füllen. Die Beeren dazugeben und vorsichtig unterrühren.

Für die Frischkäsefüllung: Den Doppelrahmfrischkäse in einer kleinen Schüssel mit der Gabel cremig rühren. Puderzucker, Vanilleextrakt, Zitronensaft und Salz dazugeben und alles zu einer leicht dicklichen Masse verrühren.

Die Hälfte der Frischkäsefüllung in der Mitte der Auflaufform auf den Teig geben (unterrühren musst du sie nicht, sie sinkt beim Backen von allein in die Haferflocken).

Die Oats rund 25 Minuten im Ofen backen, bis an einem in der Mitte hineingesteckten Holzstäbchen kein Teig mehr hängen bleibt und die Käsekuchenfüllung leicht zerläuft.

5 Minuten abkühlen lassen. Anschließend die restliche Frischkäsefüllung daraufgeben und mit Puderzucker bestäuben. Warm servieren.

UNTER 30 MINUTEN

1 PORTION

75 g kernige Haferflocken

1–3 EL ungesüßtes Kakaopulver

¾ TL Backpulver

1–2 EL Zucker (optional)

1 Prise Salz

55 ml Milch

1 Ei (Größe L) oder ½ mittelgroße Banane, zerdrückt, für die vegane Variante (dann statt Milch Pflanzendrink verwenden)

Zartbitter- oder Vollmilch-Chocolate-Chips

Baked Oats mit Schoko-Fudge

@tazxbakes

Taz, die Königin der Baked Oats, schafft es, dass die Flocken jedes Mal weich und kuchenartig daherkommen, und in dieser Schoko-Fudge-Version kann ihnen nun wirklich niemand mehr widerstehen. Wer auf der Suche nach einem richtig dekadenten Frühstück ist, gibt die maximale Menge an Kakaopulver und Zucker dazu und spart auch nicht bei den Chocolate Chips. Wem das dann doch zu viel ist, der lässt den Zucker weg und streut nur einige Zartbitter-Chocolate-Chips auf die Oats. Dann ist das Frühstück schon fast ein gesunder Porridge.

Den Backofen auf 190 °C vorheizen.

Haferflocken und Kakaopulver im Mixer zu einem Pulver mahlen. (Wer keinen Mixer hat, lässt diesen Zubereitungsschritt aus und vermischt alles im nächsten Schritt. Die Backzeit ist dieselbe.)

Die Haferflocken-Kakao-Mischung mit Backpulver, Zucker und Salz in eine mittelgroße Schüssel geben und verrühren. Milch sowie Ei hinzufügen und glatt rühren. Der Teig sollte etwa so dickflüssig wie Kuchenteig sein; ist er jedoch zu dickflüssig, esslöffelweise mehr Milch dazugeben, bis die richtige Konsistenz erreicht ist. Die Mischung in eine Auflaufform (11 × 18–20 cm) füllen und mit Chocolate Chips bestreuen.

Etwa 10 Minuten im Ofen backen, bis die Haferflocken etwas aufgegangen sind und wie die Oberfläche eines Kuchens glänzen.

5 Minuten abkühlen lassen und noch warm direkt aus der Auflaufform genießen.

Die Form sollte möglichst dekorativ sein. Und das Rezept lässt sich prima verdoppeln!
Veganer ersetzen das Ei durch ½ zerdrückte Banane.

1 BLECH

Streuselkuchen mit Zimt

@zaynab_issa

Butterweich und mürbe, mit genau der richtigen Mischung aus Teig und Streuseln – dieser Kuchen ist einfach himmlisch! Der Teig ist extracremig und lässt sich am besten mit einer Winkelpalette auf dem Blech verteilen, damit er auch wirklich in *jede* Ecke kommt. Wenn du den Kuchen schon am Vorabend backst, musst du dir morgens zum Frühstück nur noch den Kaffee dazu aufbrühen. Und wenn du Zaynab nicht ohnehin schon folgst und dich durch den Feed an Rezepten scrollst, die man am besten als »leicht und doch erstklassig« bezeichnen kann, dann wird dieses Rezept dich sicherlich von ihren Künsten überzeugen.

Butter für das Blech

Für die Streusel

140 g Mehl *(siehe #lifehack S. 155)*

200 g heller oder dunkler brauner Zucker

4 TL Zimtpulver

½ TL Diamond Crystal Kosher Salt oder ein anderes Meer- oder Steinsalz *(siehe S. 13)*

115 g Butter, zerlassen

Für den Zimtzucker

100 g heller oder dunkler brauner Zucker

1 TL Zimtpulver

Für den Kuchen

280 g Mehl

1 TL Backpulver

1 TL Natron

½ TL Diamond Crystal Kosher Salt oder ein anderes Meer- oder Steinsalz

240 g Sauerrahm

120 g Buttermilch

115 g zimmerwarme Butter *(siehe #lifehack S. 148)*

200 g Zucker

2 zimmerwarme Eier (Größe L)

2 TL Vanilleextrakt

Den Backofen auf 175 °C vorheizen und ein tiefes Kuchenblech (ca. 24 × 36 cm) mit Backpapier auskleiden. Das Backpapier mit Butter einfetten. (Bei Verwendung einer Backform aus Glas siehe Info auf S. 43.)

Für die Streusel: In einer kleinen Schüssel Mehl, braunen Zucker, Zimt und Salz verrühren. Die zerlassene Butter dazugießen und alles vorsichtig mit einer Gabel zu einer krümeligen Masse verarbeiten. Nicht zu lange rühren, sonst wird aus der Mischung eine Paste! Beiseitestellen.

Für den Zimtzucker: In einer weiteren kleinen Schüssel braunen Zucker und Zimt verrühren. Beiseitestellen.

Für den Kuchen: In einer mittelgroßen Schüssel Mehl, Backpulver, Natron und Salz vermischen. In einer dritten kleinen Schüssel den Sauerrahm mit der Buttermilch glatt rühren.

Butter und Zucker in einer großen Schüssel mit dem elektrischen Handrührgerät auf mittlerer Stufe schaumig rühren. Nacheinander die Eier hinzufügen und gründlich unterrühren. Vanilleextrakt ebenfalls unterrühren.

Die Mehl- sowie die Sauerrahmmischung gleichzeitig zur Eimischung geben und alles vorsichtig mit einem Gummispatel verrühren. (Es ist völlig in Ordnung, wenn der Teig noch ein paar Klümpchen aufweist.) Der Teig soll am Ende relativ dickflüssig sein.

Die Hälfte des Teigs auf dem vorbereiteten Kuchenblech verteilen. (Da der Teig eher dickflüssig ist, dauert das eine Weile. Zaynab empfiehlt eine Winkelpalette, damit lässt sich leichter arbeiten.) Die Teigschicht mit dem Zimtzucker bestreuen und anschließend mit dem restlichen Teig gleichmäßig bestreichen. Zum Schluss die Streusel auf dem Teig verteilen.

Den Kuchen etwa 35 Minuten im Ofen backen. Er ist gar, wenn an einem in der Mitte hineingesteckten Holzstäbchen kein Teig mehr hängen bleibt.

Den Kuchen auf dem Blech vollständig abkühlen lassen, dann in Stücke schneiden und servieren. Bleibt etwas übrig, hält sich das in einem luftdicht verschlossenen Behälter bei Zimmertemperatur bis zu 5 Tage.

INFO
Eine Backform aus Glas erhitzt sich langsamer als eine aus Metall bzw. als ein Backblech, zudem hält sie die Wärme länger. Das bedeutet, dass der Streuselkuchen am Rand schneller gar ist als in der Mitte. Wenn du also eine Glasform verwendest, solltest du bei deinem Kuchen nach den angegebenen 35 Minuten Backzeit alle 5 Minuten die Garprobe machen, um sicherzustellen, dass er auch gut durchgebacken ist.

Veganer Brezelsnack (Seite 46)

Party Starter

UNTER 30 MINUTEN | CA. 18 STÜCK | VEGAN

neutrales Pflanzenöl für das Blech

125 g veganer Naturjoghurt, z. B. Soja-, Kokos- oder Mandeljoghurt *(siehe »Schon gewusst?« S. 47)*

70 g + 2 EL Mehl mit Backpulver *(siehe #lifehack S. 47)*

1 EL Natron

15 g vegane Butter oder Kokosöl, zerlassen

grobes Salz zum Bestreuen

Senf, veganer Käsedip oder ein anderer Dip zum Dazuservieren (optional)

Veganer Brezelsnack

@ballehurns

Die coole vegane Köchin Halle nutzt die endlos variable Kombi von Mehl mit Backpulver und säuerlichem (pflanzlichem) Joghurt, um diesen schnellen Partysnack auf den Tisch zu zaubern. Vor dem Backen gönnt sie dem Teig ein Bad in Natronlauge (das ist der korrekte chemische Fachbegriff), die für den unvergleichlichen Brezelgeschmack sorgt. Nach dem Backen kannst du das Gebäck klassisch mit Salz bestreuen oder auch etwas mutiger sein: Wie wäre es beispielsweise mit Zimtzucker, einer »everything (but the) bagel«-Gewürzmischung oder zerlassener Butter mit Knoblauch, Kräutern und/oder Hefeflocken?

Den Backofen auf 200 °C vorheizen und ein Backblech leicht mit Pflanzenöl einfetten. Alternativ das Blech mit Backpapier belegen.

In einer mittelgroßen Schüssel den Joghurt mit 70 Gramm Mehl zu einem glatten Teig verrühren. Der ist wahrscheinlich ziemlich klebrig, aber genau so soll er sein!

Die saubere Arbeitsfläche mit 1 Esslöffel Mehl bestäuben. Den Teig in 3 gleich große Portionen teilen, auf die bemehlte Arbeitsfläche geben und mit dem restlichen Mehl bestäuben.

Mit den Händen 1 Portion Teig mit dem Mehl verkneten, bis der Teig nicht mehr klebt und außen glatt ist. Zu einer etwa 15 Zentimeter langen und 2½ Zentimeter dicken Rolle formen. Mit den restlichen Teigportionen ebenso verfahren, dabei bei Bedarf noch Mehl zugeben. Die Rollen quer in möglichst gleichmäßige, 2½ Zentimeter dicke Scheiben schneiden. (Der Teig ist sehr weich, aber das muss er auch sein, sollen die Brezelsnacks hinterher nicht steinhart werden.)

In einem kleinen Topf 480 Milliliter Wasser zum Kochen bringen. Dieses in eine kleine hitzebeständige Schüssel füllen und mit dem Natron verrühren. 2 bis 3 Teigstücke auf einen Schaumlöffel geben und 15 Sekunden in die Natronlauge tauchen. Anschließend vorsichtig auf das vorbereitete Backblech legen. Mit den restlichen Teigstücken ebenso verfahren.

Die Teigstücke etwa 15 Minuten im Ofen backen, bis sie unten goldbraun und oben goldfarben sind.

Die Brezelsnacks nach dem Backen sofort mit zerlassener Butter bestreichen und mit Salz bestreuen. Anschließend mit einem Dip deiner Wahl servieren.

Am besten schmecken die Brezeln warm, übrig gebliebene halten sich in einem luftdicht verschlossenen Behälter bis zu 2 Tage. Dann vor dem Verzehr 5 bis 8 Minuten bei 175 °C im Ofen aufbacken.

#lifehack

Wer kein Mehl mit Backpulver hat, mischt unter 70 Gramm Mehl einfach selbst ½ Teelöffel Backpulver. (Die 2 Esslöffel Mehl, mit denen der Teig ausgerollt wird, können ganz normales Mehl sein.)

Schon gewusst?

Pflanzlicher Joghurt variiert in Konsistenz und Feuchtigkeit viel stärker als Milchjoghurt. Halle verwendet Silk-Sojajoghurt oder So-Delicious-Kokosjoghurt, mit ihnen lässt sich der Teig gut formen. Doch wahrscheinlich funktioniert für dieses Rezept auch dein Lieblingsjoghurt.

Mit veganem Joghurt anderer Marken wurde der Teig mitunter sehr klebrig, doch solange er sich mit viel Mehl zu Rollen formen lässt, spielt das keine … äh … Rolle – die Brezeln bekommen trotzdem die volle Punktzahl.

Mit DREI Käsesorten!
TK-Spinat funktioniert bestens!

6–8 PORTIONEN

Warmer Krabben-Spinat-Dip mit Knoblauchbrot

@auntieloren

Dieser Dip von der Gastronomin und Tanzvideobegeisterten Loren hat alles, was man sich für einen Partydip wünscht: Er ist üppig, dippig und käsig und macht absolut abhängig. Er lässt sich außerdem ganz entspannt zubereiten und gelingt, so Loren, mit fast jedem Käse, den du zufällig noch im Kühlschrank hast – solange er gut schmilzt. Hast du nur TK-Spinat, ist das auch kein Problem: Einfach auftauen und ausdrücken und dann ab damit in die Pfanne zu den anderen köstlichen Zutaten!

Für den Dip

- 45 g Butter
- 1 kleine Zwiebel, abgezogen und gewürfelt
- 2 Knoblauchzehen, abgezogen und gehackt
- 1 TL schwarzer Pfeffer, frisch gemahlen
- ¼ TL Knoblauchsalz
- 120 g Sahne
- 115 g Doppelrahmfrischkäse
- 30 g Blauschimmelkäse, zerkrümelt
- 125 g Cheddar, gerieben
- 225 g Krabbenfleisch (frisch oder aus der Dose)
- 30 g frischer Spinat, grob gehackt
- 1½ TL Old-Bay-Gewürzmischung
- ½ TL Cayennepfeffer

Für das Knoblauchbrot

- ½ Baguette
- 75 g Butter, zerlassen
- 1 TL schwarzer Pfeffer, frisch gemahlen
- 1 TL Paprikapulver
- ¾ TL Knoblauchsalz

Den Backofen auf 200 °C vorheizen.

Für den Dip: Die Butter in einer ofenfesten Pfanne (20 cm Ø) bei mittlerer bis niedriger Temperatur zerlassen. Zwiebel und Knoblauch in rund 5 Minuten darin weich dünsten. Mit schwarzem Pfeffer und Knoblauchsalz würzen.

Die Sahne unterrühren. Frischkäse, Blauschimmelkäse und 25 Gramm Cheddar in die Pfanne geben und unter Rühren in der Sauce schmelzen lassen.

Das Krabbenfleisch sowie den gehackten Spinat hinzufügen und ebenfalls unterrühren. Mit Old-Bay-Gewürzmischung und Cayennepfeffer würzen. Mit dem restlichen Cheddar bestreuen und die Pfanne in den Ofen stellen. Den Dip 10 Minuten überbacken.

Für das Knoblauchbrot: Das Baguette in 1½ Zentimeter dicke Scheiben schneiden. In einer kleinen Schüssel die zerlassene Butter mit Pfeffer, Paprikapulver und Knoblauchsalz verrühren. Die Brotscheiben auf jeweils einer Seite mit der Mischung bestreichen und mit der Butterseite nach oben nebeneinander auf ein Backblech legen.

Nach dem Überbacken des Dips das Knoblauchbrot zum Dip in den Ofen schieben und alles weitere 10 Minuten backen, bis Brot und Käsekruste auf dem Dip goldbraun sind. Den Dip warm mit dem Knoblauchbrot servieren.

4 PORTIONEN

225 g Farfalle oder andere Nudeln in deiner Lieblingsform

1½ TL feines Meersalz *(siehe S. 13)* + etwas mehr zum Kochen der Nudeln und zum Bestreuen

80 ml Rotweinessig

1 EL Olivenöl extra vergine

Sour-cream-and-onion-Dip zum Servieren (optional)

Salt-and-Vinegar-Pastachips

@feelgoodfoodie

Man nehme das Beste der Pasta (also alles) und an Kartoffelchips (also alles andere), und schon steht ein Pastachips-Snack auf dem Tisch, bei dem Crunch-Liebhaber*innen feuchte Augen kriegen. Yumna, bekannt für ihre Must-have-Versionen aller besten Trends, hat uns mit dieser Salt-and-Vinegar-Variante aus der Heißluftfritteuse beglückt. Die Zubereitung ist einfach, doch kommt es hier aufs Timing an: Die Chips sollten goldbraun serviert werden – nur so erreichst du die gerade richtige dipbare Knusprigkeit mit einzig einem *Hauch* von Gekochte-Nudel-Konsistenz.

In einem großen Topf die Nudeln nach Packungsanweisung in reichlich kochendem Salzwasser al dente, also bissfest garen. Abgießen.

Die Nudeln in eine Schüssel füllen und mit Essig, Olivenöl sowie 1½ Teelöffel Salz vermengen.

Die Mischung in den Behälter der Heißluftfritteuse geben – es ist völlig in Ordnung, wenn die Nudeln nicht einzeln nebeneinanderliegen. Die Pasta bei 200 °C in 15 bis 20 Minuten goldbraun und knusprig frittieren, dabei alle 5 Minuten schwenken. Nur goldbraune Nudeln haben die richtige Konsistenz: Sind sie nicht lange genug frittiert, haben sie keinen Crunch, sind sie zu lange frittiert, werden sie hart.

Die Pastachips sofort servieren und den Sour-cream-and-onion-Dip dazu servieren. Übrig gebliebene Chips halten sich in einem luftdicht verschlossenen Behälter bis zu 2 Tage.

Wenn Nudeln und
Kartoffelchips ihre
Superkräfte vereinen …
entstehen Pastachips!

Eine völlig andere Version des Tortillatrends findest du in @sheffaras Rezept auf Seite 106!

Gabrielle verwendet gern Himalaya-Salz, ein rosa getöntes Steinsalz.

UNTER 30 MINUTEN

1 TORTILLA

VEGAN

Vegane »Käse«-Tortilla

@onegreatvegan

Irgendjemand hat sich mal getraut, auf TikTok die Frage zu stellen: »Was könnte eine Quesadilla noch besser machen?« – und schwupps war der »Tortillahack« geboren. Das Prinzip ist ganz einfach: Teile die Tortilla in vier Segmente auf, um das Vierfache an Belegoptionen zu erhalten, mach ein bisschen Food-Origami und brate das kleine Wunder dann so an, dass es außen goldbraun-knusprig und innen zartschmelzend und einfach nur lecker ist. Mit dieser ultimativen pflanzenbasierten, käsigen und pilzig-fleischigen Vorspeise oder Hauptmahlzeit zeigt Gabrielle ihr Herz für Veganer*innen.

Für die Pilze

- 30 g vegane Butter
- 25 g Austernpilze, in dünne Scheiben geschnitten
- 1 EL Gewürzmischung für Geflügel
- 1 EL Barbecuesauce
- Salz

Für die Tortilla

- 1 Tortilla (25 cm Ø; Gabrielle verwendet glutenfreie Tortillas)
- 60 ml vegane Cheese-Sauce (o. Ä.)
- 2 EL Schwarze-Bohnen-Salsa
- 3 EL feine Kopfsalatstreifen
- 3 dünne Scheiben Avocado
- 2 EL stückige Tomatensalsa
- 40 g veganer geriebener Käse
- 15 g vegane Butter

Für die Pilze: Die Butter in einer mittelgroßen Pfanne bei mittlerer Hitze zerlassen. Pilze, Gewürzmischung für Geflügel und Barbecuesauce hineingeben, salzen. Gut verrühren, damit die Pilze die Gewürze aufnehmen. Anschließend alles unter häufigem Rühren 5 bis 8 Minuten braten, bis die Pilze gar sind.

Für die Tortilla: Die Tortilla auf ein großes Schneidbrett legen und von der Mitte aus bis zum Rand einen geraden Schnitt in die Tortilla machen. Dieser Schlitz wird später zum Zusammenklappen der Tortilla verwendet. Die gesamte Tortilla gleichmäßig mit der Cheese-Sauce bestreichen.

Die Tortilla gedanklich in vier Viertel teilen und das erste Viertel mit Schwarze-Bohnen-Salsa belegen. Das zweite Viertel mit Kopfsalatstreifen und Avocadoscheiben, das dritte Viertel mit den gegarten Pilzen und das letzte mit der Tomatensalsa belegen. Dabei die Zutaten so flach wie möglich andrücken. Zum Schluss alles mit geriebenem Käse bestreuen.

Den Abschnitt links vom Schlitz vorsichtig über den angrenzenden klappen und so fortfahren, bis ein gefülltes Dreieck entstanden ist.

Die Butter in einer großen gusseisernen Pfanne bei mittlerer bis hoher Hitze zerlassen. Das gefüllte Tortilladreieck hineinlegen und unter konstantem Wenden und Flachdrücken etwa 3 Minuten darin braten, bis es auf beiden Seiten goldbraun ist. Sofort servieren.

UNTER 30 MINUTEN

2–3 PORTIONEN

Bang-Bang-Shrimps

@newt

Dieses Rezept für knusprige, scharfe Shrimps von Newt ist … einfach perfekt. Er wendet die Garnelen in Pankomehl, um mehr Crunch und mehr Oberfläche zu erzeugen, die die süß-würzige Sauce aufnehmen kann. Die frittierten Shrimps serviert man entweder so oder in kalte Salatblätter gewickelt – die Frische des Salats gleicht die üppige, pikante Sauce wunderbar aus.

Für die Bang-Bang-Sauce

120 g Mayonnaise

75 ml thailändische süße Chilisauce

2 EL Sriracha-Sauce

2 TL Reisessig

Für die Shrimps

450 g Riesengarnelen, geschält und vom Darmfaden befreit

240 g Buttermilch

140 g Speisestärke

90 g Pankomehl

2 EL Knoblauchpulver

2 EL Zwiebelpulver

Salz (Newt verwendet Meer- oder Steinsalz)

neutrales Pflanzenöl zum Frittieren

2 EL frische Petersilie, gehackt, zum Bestreuen *(siehe #lifehack S. 101)*

Für die Bang-Bang-Sauce: Alle Zutaten in einer kleinen Schüssel gründlich verrühren. Bis zur Weiterverwendung kühl stellen.

Für die Shrimps: Riesengarnelen und Buttermilch in eine große Schüssel geben und die Garnelen in der Buttermilch wenden. Die Stärke in eine mittelgroße Schüssel geben und in einer weiteren mittelgroßen Schüssel Panko sowie Knoblauch- und Zwiebelpulver vermengen. Mit Salz würzen.

Einen großen Topf 5 Zentimeter hoch mit Öl befüllen und das Öl mithilfe eines Küchenthermometers auf 170 °C erhitzen. Einen großen Teller mit Küchenpapier belegen.

5 Garnelen nacheinander per Hand aus der Buttermilch nehmen, etwas abtropfen lassen und in der Stärke wenden. Zurück in die Buttermilch geben, wiederum herausnehmen, etwas abtropfen lassen und in der Pankomischung wenden.

Die panierten Garnelen ins heiße Öl geben und in 2 bis 3 Minuten goldbraun darin frittieren (gewendet werden müssen sie dabei nicht). Mit einer Zange herausnehmen, auf den vorbereiteten Teller legen und abtropfen lassen. Das Öl wieder auf 170 °C erhitzen – schließlich sollen die Shrimps ja schön knusprig werden! – und auch mit den restlichen Garnelen wie oben beschrieben verfahren.

Die frittierten Shrimps in eine große Schüssel geben, mit Sauce beträufeln und darin wenden.

Die Shrimps auf einer Servierplatte anrichten, übrig gebliebene Sauce in eine kleine Schüssel füllen. Die Shrimps mit Petersilie bestreut servieren und die Sauce zum Dippen dazu servieren.

Verwende doch mal zerstoßene Takis-Chips zum Panieren, etwa für Mozzarella-Sticks, Jalapeño Popper, Hähnchensticks …

Frühlingszwiebeln selbst ziehen mit dem #lifehack auf Seite 74!

CA. 70 TASCHEN

680 g Schweinehackfleisch

240 g Frühlingszwiebeln, nur das Grüne, in Ringe geschnitten + etwas mehr zum Bestreuen

32 g frischer Ingwer, geschält und fein gehackt

1 Ei (Größe L)

3 EL neutrales Pflanzenöl + mehr zum Braten

1 EL Sojasauce + etwas mehr zum Dippen

2 TL dunkles Sesamöl

1 TL Tafelsalz *(siehe S. 13)*

200 g Chinesischer-Schnittlauch-Röllchen (Knoblauch-Schnittlauch)

570 g runde Reisteigplatten (10 cm Ø), insgesamt ca. 70 Stück

Mehl

1 TL Sesamsamen, geröstet

schwarzer Reisessig (optional; *siehe* »Schon gewusst?«, *S. 58*)

Schweinefleisch-Schnittlauch-Taschen

@diana_mengyan

Mit ihren knusprigen »Spitzenröckchen« aus einer Mehlmischung, die in den letzten Minuten Bratzeit zu den Taschen in die Pfanne kommt, werden Mengyans köstliche Schweinefleisch-Schnittlauch Taschen garantiert alle deine Freund*innen begeistern. Apropos Freund*innen: Du brauchst schon einige, um Taschen in dieser Menge zu essen (und zuzubereiten!). Warum aus dem Füllen und Braten also nicht gleich eine Party machen und die Freund*innen fürs Helfen mit den kleinen Leckereien belohnen? Und wer alleine schuftet und sich selbst belohnen möchte, kann die Taschen für später auch einfrieren.

In einer großen Schüssel Hackfleisch, Frühlingszwiebeln, Ingwer, Ei, 1 Esslöffel Pflanzenöl, Sojasauce, Sesamöl, Salz und 1 Esslöffel Wasser vermengen, am besten mit Stäbchen, die immer nur in eine Richtung bewegt werden (Mengyan zufolge macht dies die Füllung elastischer, und die Taschen fallen beim Braten nicht auseinander). Die Mischung 20 Minuten ruhen lassen.

Die Schnittlauchröllchen zur Hackfleischmischung geben und noch einmal alles mit Stäbchen vermengen. Wirkt die Füllung zu trocken, teelöffelweise weiteres Pflanzenöl oder Wasser dazugeben.

Eine mit Wasser gefüllte kleine Schüssel bereitstellen. 1 Reisteigplatte auf die Arbeitsfläche legen und 1 gehäuften Esslöffel Füllung mittig daraufgeben. Einen Finger ins Wasser tauchen und den Rand der Teigplatte zur Hälfte mit Wasser bestreichen.

Die angefeuchtete Hälfte der Platte über die Füllung schlagen und die Ränder zusammendrücken. Mit den restlichen Reisteigplatten und der restlichen Füllung ebenso verfahren. Wenn nicht alle Taschen sofort zubereitet werden sollen, siehe INFO auf Seite 58.

Fortsetzung ▶

In einer weiteren kleinen Schüssel 2 Teelöffel Mehl mit 80 Milliliter Wasser zu einer dünnflüssigen Mischung verrühren und neben dem Herd bereitstellen.

Das restliche Pflanzenöl in einer großen beschichteten Pfanne bei mittlerer bis hoher Temperatur erhitzen und die Taschen portionsweise darin anbraten. Wenn sie nach etwa 1½ Minuten unten zu bräunen beginnen, 1 Esslöffel Wasser in die Pfanne geben und den Deckel auflegen. Die Taschen 5 Minuten dämpfen.

Für das knusprige »Spitzenröckchen« den Deckel abnehmen und die Mehl-Wasser-Mischung am Rand in die Pfanne gießen (und zwar die ganze Mischung – für die nächste Portion Taschen muss eine neue Mischung angerührt werden). Ohne Deckel etwa 3 Minuten weiterbraten, bis das Wasser verdampft ist und das Mehl eine goldene, knusprige Schicht bildet, die sich leicht vom Pfannenboden hebt.

Die Taschen auf einen Teller geben, dabei das »Röckchen« mit einem Pfannenwender etwas auseinanderreißen. Für jede weitere Portion Teigtaschen nicht nur eine neue Mehlmischung anrühren (2 Teelöffel Mehl und 80 Milliliter Wasser), sondern auch weitere 2 Esslöffel Öl in die Pfanne geben.

Die fertigen Schweinefleisch-Schnittlauch-Taschen mit gerösteten Sesamsamen und Frühlingszwiebeln bestreuen. Zum Dippen Sojasauce oder schwarzen Reisessig dazu servieren.

INFO
Wer nicht alle Teigtaschen sofort braten will, kann den Rest einfach einfrieren. Dafür die gefüllten, aber eben noch nicht gebratenen Reisteigplatten auf einen mit Backpapier belegten Teller legen und für mindestens 8 Stunden ins Tiefkühlfach stellen. Die tiefgekühlten Taschen anschließend in einen Zip-Beutel füllen. Im Gefrierfach halten sie sich so bis zu 3 Monate lang. Zum Anbraten direkt tiefgekühlt in die Pfanne geben.

Schon gewusst?

Schwarzer Reisessig, auch bekannt als Chinkiang-Essig, ist in der chinesischen Küche sehr beliebt. Der volle, aromatische Geschmack und die milde, süße Säure verleihen allen Gerichten, die den Essig enthalten oder zu denen er serviert wird, eine wunderbar komplexe Note.

Schwarzen Essig bekommst du im Asialaden oder online, er hält sich im Vorratsschrank eine ganze Weile.

CA. 30 PAKORA

Knusprig-scharfe Fischpakora

@usajalandhar

Dies ist eines von Mohinders Lieblingsrezepten, vermutlich weil die feurigen, knusprig gebratenen Fischhappen so supereinfach zuzubereiten sind. Wenn du auf deiner nächsten Party mit leckeren Fischknabbereien glänzen willst, empfiehlt Mohinder, dir die Schlüsselzutaten wie Besan (Kichererbsenmehl), Kasoori Methi (getrocknete Bockshornkleeblätter) und Ajowan, auch bekannt als Königskümmelsamen, im Asialaden zu besorgen, denn ohne sie bekommst du den authentisch indischen Geschmack dieses Gerichts nicht hin.

4 Serrano-Chilischoten

900 g Filet von festem Weißfisch, z. B. Pangasius, Tilapia oder Goldmakrele

1 Ei (Größe L)

2 EL Zitronensaft, frisch gepresst

2 EL Besan (Kichererbsenmehl)

1 EL + 1½ TL Mehl

1½ TL Morton Kosher Salt oder ein anderes Meer- oder Steinsalz *(siehe S. 13)*

1½ TL Garam Masala + etwas mehr zum Bestäuben

1½ TL Chiliflocken

2 cm frischer Ingwer, geschält und gerieben

2 Knoblauchzehen, abgezogen und gerieben

¾ TL Chilipulver

½ TL Kasoori Methi (getrocknete Bockshornkleeblätter)

¼ gehäufter TL gemahlene Kurkuma

¼ gehäufter TL Ajowan

1 EL frischer Koriander, gehackt + etwas mehr zum Bestreuen

275 ml neutrales Pflanzenöl zum Frittieren

Mit Mörser und Stößel, einem Hammer oder einem Nudelholz die Serrano-Chilischoten zerdrücken, damit sie ihre Schärfe später an den Teig abgeben.

Den Fisch in rund 30 mundgerechte Stücke schneiden. In einer mittelgroßen Schüssel das Ei, 1 Esslöffel Zitronensaft, Besan, Mehl, Salz, Garam Masala, Chiliflocken, Ingwer, Knoblauch, Chilipulver, Kasoori Methi, Kurkuma, Ajowansamen und Koriander vermengen. Fischstücke sowie zerdrückte Chilischoten hinzufügen und in der Mischung wenden. Zugedeckt 1 Stunde kühl stellen.

Das Öl in einen mittelgroßen Topf mit schwerem Boden gießen und mithilfe eines Küchenthermometers auf 190 °C erhitzen. Einen Teller mit Küchenpapier belegen.

Die Serrano-Chilischoten aus dem Teig fischen und die Fischstücke mit einer Zange portionsweise ins heiße Öl geben. 4 bis 5 Minuten darin frittieren, dabei einmal wenden, bis die Fischpakora auf beiden Seiten goldbraun sind. Mithilfe der Zange auf den vorbereiteten Teller legen und abtropfen lassen. Das Öl zwischen den Portionen immer wieder auf 190 °C erhitzen.

Die fertigen Fischpakora auf einer Servierplatte anrichten und mit dem restlichen Zitronensaft beträufeln. Mit 1 Prise Garam Masala bestäuben und mit gehacktem Koriander bestreuen. Sofort servieren.

#foodtoks schnellste Trends

Zwei Zutaten – und fertig ist die Rezeptsensation! In der Tabelle unten findest du unsere größten Trends mit der kürzesten Zutatenliste. Scanne den QR-Code für deine perfekte Version zum Nachkochen.

Rezept	Erste Zutat	Zweite Zutat	Suchtpotenzial-begründung
Ranch Pickles	Gewürzgurken	Ranch-Dressing	Knackige Gurken und cremiges Ranch-Dressing mit Dill? »Will haben!« sagt dein Sandwich.
Selbst gemachte Cheez-Its	Cheddar in Scheiben	Salz	Mit Salz bestreuter, im Ofen überbackener Käse – wie die echten Cheez-Its, nur besser!
Veganes Hühnchen	Mehl	Wasser	Verknetet man Mehl und Wasser (sehr lange), verwandelt sich das Gluten in einen überraschend authentischen Fleischersatz. Andere sagen Seitan dazu.
Oreo-Tassenkuchen	Oreos	Milch	4 zerdrückte Kekse und 60 Milliliter Milch ergeben einen Kuchenteig, der in der Mikrowelle weich und köstlich auf»backt«.
Eiscreme-brot	Eiscreme	Mehl mit Backpulver	Weiches Eis + etwa dieselbe Menge Mehl = süßer Teig, der in unter einer Stunde als Brot auf dem Tisch steht.

#TikTokMadeMeBuyIt: die Küchenausgabe

Leggings, Staubsauger, pinkfarbener Glibber, mit dem sich angeblich wunderbar sauber machen lässt … Die Dinge verbreiten sich wie ein Lauffeuer, wenn sie den Hype wert sind. Mit seinen Milliarden Views und Follower*innen ist #TikTokMadeMeBuyIt eine Fundgrube für wahre Schätze. Und in puncto Küchenausstattung konnten die Creators unten der einen oder anderen Spontananschaffung auch nicht widerstehen:

»Einem Binchotan-Konro-Grill – danke, @yakitoriguy.«
@hwoo.lee

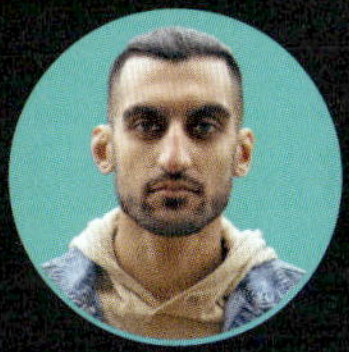

»Kartoffelstärke. Danke, Nick DiGiovanni.«
@goldengully (Warum die so toll ist? Verraten wir dir auf Seite 99.)

»Einer Heißluftfritteuse. Ich habe mich immer geweigert, eine zu kaufen, bis ich mal gesehen habe, wie jemand eine ganze Mahlzeit nur in einer HEISSLUFTFRITTEUSE zubereitet hat!!! WIE GEIL IST DAS DENN??? Da musste ich sofort auch eine haben.«
@ramenkingivan (Siehe die Pastachips auf Seite 50 für eine Verwendungsmöglichkeit.)

»Mini-Küchenutensilien. Fand ich am Anfang nicht so mega, aber jetzt bin ich ein totaler Fan. Mini-Pfannenwender, Mini-Löffel, Mini-Käsereibe … ich muss sie einfach ALLE haben.«
@newt

»Einem kleinen Avocadohalter aus Plastik. Da passt die Avocado genau rein, im Kühlschrank ist alles ordentlich und aufgeräumt und das Beste. Darin bleibt die Avocado wirklich frisch und grün!«
@thelucasassis_

Und zum Thema »IMadeTikTokBuy …«

»Mein Video ›So bereitet man den Wok vor‹ hatte über elf Millionen Views. Danach war der Wok, den ich verwendet hatte, sofort ausverkauft.«
@cookingbomb

Klassische Tomatensuppe (Seite 66)

Low-Key Dinner

Die Butter mit mehr Käse verrühren, damit außen das Brot bestreichen und dieses in der Pfanne goldbraun-knusprig braten!

Passt super zu @zaynab_issas klassischer Tomatensuppe (Seite 66).

UNTER 30 MINUTEN

1 PORTION

Extrakäsiger gegrillter Käse

@shreyacooksssss

Dieses Rezept ist vom gegrillten Käse einer gewissen Coffee-Shop-Kette inspiriert, doch Shreyas Version ist so einfach, dass sie schlichtweg genial ist. Noch schmackhafter wird die Füllung, wenn man würzige Käsesorten wie Gruyère oder lange gereiften Cheddar dafür verwendet.

- 30 g zimmerwarme oder zerlassene Butter *(siehe #lifehack S.148)*
- 2 EL frisch geriebener Parmesan *(siehe INFO S.99)*
- 2 Scheiben Sauerteigbrot
- 3 EL geriebener Cheddar
- 3 EL geriebener Mozzarella

In einer kleinen Schüssel die weiche Butter mit dem Parmesan verrühren und die Brotscheiben auf einer Seite damit bestreichen.

Eine Pfanne bei mittlerer Temperatur erhitzen. 1 Brotscheibe mit der bestrichenen Seite nach unten hineinlegen und die Hitze auf mittlere bis niedrige Temperatur reduzieren.

Den geriebenen Käse in der Mitte auf die Brotscheibe in der Pfanne geben; dabei sicherstellen, dass ein wenig Platz um den Käse herum bleibt, damit er beim Schmelzen nicht herausquillt. Mit der zweiten Brotscheibe mit der bestrichenen Seite nach oben belegen. Sofort den Deckel auf die Pfanne legen und das Brot etwa 2 Minuten rösten, so lange, bis die Unterseite goldbraun und knusprig ist. Wird das Brot zu dunkel, die Hitze reduzieren.

Das Sandwich mit einem Pfannenwender vorsichtig wenden und zugedeckt etwa 2 Minuten weiterrösten, bis das Brot auch auf der anderen Seite goldbraun und der Käse geschmolzen ist. Rostet das Brot schneller, als der Käse schmilzt, wiederum die Temperatur reduzieren. Heiß servieren.

#lifehack
Röste das Sandwich doch auch mal mit Mayo – Shreya findet diese Version einfach himmlisch! Dafür 30 Gramm Butter mit 1 Esslöffel Mayonnaise und Gewürzen und/oder gehackten frischen Kräutern deiner Wahl verrühren. Das Brot außen mit der Mischung bestreichen und wie oben beschrieben in der Pfanne rösten.

4–6 PORTIONEN

Klassische Tomatensuppe

@zaynab_issa

Zaynabs Geheimzutat für diese ultimative Trostsuppe ist der teuerste, cremigste Balsamicoessig – also der gute direkt aus Italien, nicht der günstige erstbeste aus dem Supermarkt. Ersterer lässt sich sehr sparsam verwenden und lohnt die Investition absolut: Denn wer diese Suppe einmal gekostet hat, wird sie immer wieder zubereiten wollen.

- 60 ml Olivenöl extra vergine
- 60 g Butter
- 1 große Zwiebel, abgezogen und grob gehackt *(siehe »Spar dir die Tränen« S. 86)*
- ½ mittelgroße Karotte, grob gehackt
- ½ mittelgroße Selleriestange, grob gehackt
- 2 EL Tomatenmark
- Salz (Zaynab verwendet Meer- oder Steinsalz)
- 800 g ganze geschälte Tomaten aus der Dose
- 240 ml Gemüse- oder Hühnerbrühe
- 2 TL Honig
- 1 TL gereifter Balsamicoessig, beste Qualität
- 120 g Sahne + etwas mehr zum Garnieren
- schwarzer Pfeffer, frisch gemahlen

Einen großen Schmortopf oder einen anderen großen Topf mit schwerem Boden bei mittlerer bis hoher Temperatur erhitzen und das Olivenöl sowie die Butter hineingeben. Ist die Butter geschmolzen, Zwiebel, Karotte, Sellerie und Tomatenmark hinzufügen. Mit Salz würzen. Unter Rühren braten, bis das Tomatenmark leicht karamellisiert. Das dauert etwa 10 Minuten.

Die Tomaten, die Brühe, den Honig und den Balsamicoessig unterrühren. Die Mischung zum Köcheln bringen, die Hitze auf mittlere Temperatur reduzieren und alles rund 25 Minuten köcheln lassen, bis das Gemüse weich ist.

Die Zutaten im Topf mit einem Stabmixer zu einer glatten, dickflüssigen Suppe pürieren. (Wer keinen Stabmixer hat, püriert die Suppe portionsweise in einem Standmixer und füllt diesen immer nur zur Hälfte. Dabei vorsichtig vorgehen, die Hände mit einem Geschirrtuch schützen und zwischendurch immer wieder den Dampf entweichen lassen. Die Suppe nach dem Pürieren wieder in den Topf füllen.)

Den Topf vom Herd nehmen und die Sahne unter die Suppe rühren. Wer die Suppe dünner mag, rührt noch etwas Brühe unter, bis die gewünschte Konsistenz erreicht ist. Mit Salz abschmecken.

Die Suppe mit frisch gemahlenem Pfeffer bestreuen, mit mehr Sahne garnieren und heiß servieren.

UNTER
30 MINUTEN

4 PIZZAS

Schnelle Fladenbrotpizza mit Spinat und Huhn

@beautifuleatsandthings

- 2 Hähnchenbrustfilets ohne Haut à ca. 140 g
- 2 EL italienische Gewürzmischung
- Salz
- schwarzer Pfeffer, frisch gemahlen
- 2 EL Olivenöl extra vergine
- 4 Fladenbrote (15–20 cm Ø)
- 240 g Sauce Alfredo
- 225 g geriebener Mozzarella
- 40 g Babyspinat

Vegetarier*innen, seid nicht traurig, Andrea hat euch nicht vergessen: Auch ohne Huhn gibt diese Pizza eine tadellose Mahlzeit ab!

Den Backofen auf 220 °C vorheizen und zwei Backbleche mit Backpapier belegen.

Die Hähnchenbrustfilets mit einem Fleischklopfer 2½ Zentimeter dünn klopfen. Die Filets anschließend mit der italienischen Gewürzmischung sowie mit Salz und Pfeffer würzen.

Das Olivenöl in einer großen Pfanne bei mittlerer Temperatur erhitzen. Die vorbereiteten Hähnchenbrustfilets hineinlegen und auf jeder Seite 3 bis 5 Minuten in dem Öl braten, bis das Fleisch gar ist (zur Garprobe einen kleinen Schnitt an der dicksten Stelle machen – das Fleisch darf nicht mehr rosa sein). Die Hähnchenbrustfilets aus der Pfanne nehmen und auf einem Schneidbrett oder Teller 10 Minuten ruhen lassen. Anschließend in Scheiben schneiden.

In der Zwischenzeit für die Pizzas jeweils 2 Fladenbrote auf die Backbleche legen. Jedes Fladenbrot gleichmäßig mit 60 Milliliter Sauce Alfredo bestreichen und anschließend in dieser Reihenfolge belegen: Mozzarella, Babyspinat, Hähnchenscheiben. Jede Schicht ganz leicht mit Salz und Pfeffer würzen.

Zum Schluss die Pizzas 8 bis 10 Minuten im Ofen backen, bis der Käse geschmolzen ist. Danach sofort servieren.

Das Fleisch ist dank Joshuahs Einschneidetechnik buchstäblich tiefenaromatisiert!

3 SANDWICHES

Char Siu Chicken Banh Mi

@nishcooks

Joshuah Nishi hat dieses Rezept so erfunden, wie er alle seine Rezepte erfindet: Er nimmt seine Lieblingsgerichte und vereinfacht sie bei hundertprozentiger Beibehaltung des Geschmacks. Normalerweise wird Char Siu mit Schweinefleisch zubereitet, doch sind die saftigen, vielseitigen Hähnchenschenkel in deinem Kühlschrank in puncto Abendessen schon die halbe Miete. Du musst sie dann nur noch in den Zutaten marinieren, die du wahrscheinlich ohnehin zu Hause hast, und so lange im Ofen backen, bis sie schön karamellisieren. Und während das Hähnchen im Ofen sein Ding macht, kannst du dich den anderen Bestandteilen des Sandwichs widmen.

Für das Char Siu Chicken

2 Knoblauchzehen, abgezogen und fein gehackt *(siehe #lifehack S. 22)*

2 EL Hoisinsauce

2 EL Sojasauce

2 EL Honig

1 EL Ketchup

1 EL dunkles Sesamöl

1 TL chinesisches Fünf-Gewürze-Pulver

5 Hähnchenschenkel ohne Knochen und ohne Haut

Für das eingelegte Gemüse

115 g Karotte, geschält

115 g (Daikon-)Rettich, geschält

50 g Zucker

1 EL Himalaya-Salz *(siehe S. 13)*

120 ml Reisessig

Für das Banh Mi

3 kurze Baguettes

Mayonnaise

Salatgurke, in feine Scheiben geschnitten

Jalapeño-Chilischoten, in feine Streifen geschnitten

Korianderstängel *(siehe #lifehack S. 101)*

Für das Char Siu Chicken: Knoblauch, Hoisinsauce, Sojasauce, Honig, Ketchup, Sesamöl und Fünf-Gewürze-Pulver in einer mittelgroßen Schüssel verrühren. Rund 60 Milliliter der Char-Siu-Sauce abmessen und in einer anderen Schüssel beiseitestellen.

Die Hähnchenschenkel von eventuellem Fett befreien. Das Fleisch auf der Unterseite der Schenkel an der dicksten Stelle mehrmals flach kreuz und quer einschneiden und anschließend flach drücken, sodass das Fleisch überall annähernd gleich dick ist. Die Schenkel in die Marinade legen und gründlich darin wenden. Anschließend 20 Minuten bei Zimmertemperatur oder über Nacht im Kühlschrank zugedeckt in der Marinade ziehen lassen.

Für das eingelegte Gemüse: Karotte und Rettich in streichholzdicke Streifen – auch bekannt als Juliennes – schneiden und in eine kleine Schüssel geben. Zucker und Salz hinzufügen und beides gut in das Gemüse einmassieren. Den Reisessig sowie 60 Milliliter Wasser unterrühren. Das Gemüse mindestens 20 Minuten oder zugedeckt im Kühlschrank über Nacht ziehen lassen.

Den Backofen auf 200 °C vorheizen und ein Backblech mit Alufolie oder Backpapier belegen.

Fortsetzung ▶

Die Hähnchenschenkel auf das vorbereitete Blech legen und 20 bis 35 Minuten im Ofen backen, bis das Fleisch gar ist und die Marinade zu karamellisieren beginnt (nach 20 Minuten die Garprobe machen – das Fleisch darf nicht mehr rosa sein).

Das Fleisch aus dem Ofen nehmen und mit der beiseitegestellten Char-Siu-Sauce bestreichen. 5 Minuten ruhen lassen und anschließend in dünne Scheiben schneiden.

Für das Banh Mi: Die Baguettes im noch heißen Ofen etwa 5 Minuten aufwärmen.

Anschließend das Brot waagerecht aufschneiden, aber nicht ganz. Etwas Krume herausnehmen, damit es gefüllt werden kann.

Die Baguettes innen mit Mayonnaise bestreichen. Jeweils ein Drittel der Hähnchenscheiben hineinlegen und mit Gurkenscheiben, eingelegtem Gemüse, Jalapeño-Streifen sowie Koriander belegen. Die Baguettes schließen und sofort servieren.

INFO

Kann man das Einschneiden des Fleischs auch auslassen? Nein. Es dient dazu, die dickeren Stellen der Hähnchenschenkel ohne Fleischklopfer flacher zu bekommen, damit das Fleisch gleichmäßig gart. Zudem entsteht dadurch mehr Oberfläche, was die maximale Karamellisierung garantiert.

Alex Guarnaschellis Tipps fürs Kochen zu Hause

@guarnaschelli

Nach fast 30 Jahren als Profiköchin hat sich Alex so einige Tricks zu eigen gemacht, die ihr auch zu Hause das Kochen erleichtern. Und vielleicht hilft auch dir der eine oder andere der folgenden Tipps in deiner Küche weiter!

Kochst du etwas zum ersten Mal, und sei es noch so simpel, dann schäme dich nicht, zuerst ganz genau dem Rezept zu folgen. Miss zunächst alles ab, Zutat für Zutat, und vergiss nicht, beim Kochen immer wieder zu kosten bzw. abzuschmecken (natürlich kannst du die Gewürze deinem Geschmack anpassen). Mach dir Notizen zum Rezept!

Bereite, wenn du Zeit hast, einige Saucen und Dressings zu, die du in beschrifteten Behältern im Kühlschrank aufbewahrst. Das spart Zeit und macht die Gerichte unter der Woche abwechslungsreicher.

Kluge Entscheidungen beim Einkaufen sind ein echter Gamechanger. Mach eine Einkaufsliste, bleib jedoch gerade bei Obst und Gemüse flexibel genug, um vor Ort zu dem zu greifen, was am besten aussieht.

Es kommen Freund*innen? Plane ein Menü, bei dem du die Hälfte vorkochen kannst, und fülle deinen Kühlschrank am Abend zuvor mit reichlich Cock- und Mocktails. So hast du selbst auch Spaß auf deiner Party und stehst nicht nur in der Küche.

Wöchentliche Themenabende machen riesig Spaß und helfen dir ungeheuer beim Planen der Mahlzeiten. Mexikanische Montage, Dessert-Donnerstage und fleischlose Freitage können einen Rahmen bilden, der dich zu neuen Ideen und Gerichten inspiriert.

Mach Protein zu einer Priorität. Gut aufbewahren lassen sich beispielsweise Kichererbsen in der Dose, Linsen, Tahini und Dosenthun- oder ein anderer Dosenfisch. Im Kühlschrank habe ich persönlich immer Eier, Aufschnitt und Hüttenkäse.

Nutze dein Tiefkühlfach weise! Du kannst z. B. einen Pizzateig dort parken, der mit einem Belag aus Resten im Nu als Pizza auf dem Tisch steht. Ich habe auch immer ein paar panierte Hähnchen- oder Auberginenschnitzel sowie Tomatensauce im Gefrierfach, die ich mir unter der Woche rasch zu einer zufriedenstellenden Mahlzeit auftauen kann.

Diese Tacos
kannst du sofort
genießen!

4 PORTIONEN

VEGAN

Kkanpoong-Tofu-Tacos

@thekoreanvegan

Falls du ein Mantra fürs Veganisieren brauchst, dann hat Joanne eins für dich: »Das Geheimnis liegt in der Sauce!« Denn als sie an ein Gericht zurückdachte, das sie besonders gern gegessen hatte, als sie noch keine Veganerin gewesen war – chinesisch-koreanische Chicken Wings –, fiel ihr auf einmal auf, dass es die knofelige, säuerliche und scharfe Sauce in jenem Gericht war, die sie am meisten vermisste. Also erfand sie ihr Mantra, das sie fortan auf buchstäblich jedes pflanzliche Protein anwandte. Und das kannst du auch. Beim gebratenen Tofu kannst du die Kartoffelstärke durch Maisstärke ersetzen, doch dann wird die Konsistenz nicht ganz so leicht und fluffig.

Für die Mayosauce

120 g vegane Mayonnaise

1 EL Gochujang (koreanische Chilipaste)

1 EL Sojasauce

1 EL Ahornsirup

Für die Tacos

450 g extrafester Tofu, gepresst und in ca. 1,3 cm große Stücke geschnitten *(siehe INFO S. 74)*

90 g + 1 TL Kartoffelstärke *(siehe* »Schon gewusst?« *S. 99)*

Salz (Joanne verwendet Meer- oder Steinsalz)

2 EL Ahornsirup

1 EL + 1½ TL Sojasauce

1 EL Gochugaru (koreanische Chiliflocken)

1 EL weißer Branntwein- oder Reisessig

1½ TL Mirin (süßer Reiswein; optional)

75 ml neutrales Pflanzenöl

Für die Mayosauce: Mayonnaise, Gochujang, Sojasauce und Ahornsirup in einer kleinen Schüssel verrühren und bis zur Weiterverwendung kühl stellen.

Für die Tacos: Gepressten Tofu, 90 Gramm Kartoffelstärke und 1 großzügige Prise Salz in eine große Schüssel geben. Den Tofu vorsichtig in der Stärke und dem Salz wenden, anschließend beiseitestellen.

In einer kleinen Schüssel Ahornsirup, Sojasauce, Gochugaru, Essig, Mirin und den restlichen Teelöffel Kartoffelstärke glatt rühren. Ebenfalls beiseitestellen.

Einen Ofenrost auf ein Backblech legen. 60 Milliliter neutrales Pflanzenöl in einer großen beschichteten Pfanne bei mittlerer bis hoher Temperatur erhitzen. Die Tofustücke nebeneinander ins sehr heiße Öl legen; sie sollten einander nicht berühren, da sie sonst zusammenkleben. (Falls nötig, portionsweise vorgehen.) Den Tofu unter gelegentlichem Wenden 7 bis 10 Minuten braten, bis er rundum gebräunt ist. Aus der Pfanne nehmen und auf dem Ofenrost abtropfen lassen.

Fortsetzung (Zutaten & Rezept) ▶

Das restliche Öl in die Pfanne geben und die Hitze auf mittlere bis niedrige Temperatur reduzieren. Knoblauch, Chili, Frühlingszwiebelweiß, Karotte sowie Zwiebel etwa 5 Minuten in dem Öl braten, bis der Knoblauch zu bräunen beginnt.

Die Ahornsirupmischung in die Pfanne geben und alles unter ständigem Rühren etwa 30 Sekunden weiterbraten, bis die Sauce eindickt. Die Pfanne vom Herd nehmen.

Den gebratenen Tofu vorsichtig wieder in die Pfanne geben und unterheben, bis er gleichmäßig von Sauce bedeckt ist.

Die Tofustücke in die aufgewärmten Tortillas füllen. Mit der Mayosauce beträufeln und mit den gerösteten Sesamsamen sowie dem Frühlingszwiebelgrün bestreuen. Sofort servieren.

#lifehack
Joannes Lieblings-Hack in der Küche ist dieser: Sie nimmt die Wurzelenden der Frühlingszwiebeln, legt sie in ein Glas und bedeckt sie knapp mit Wasser. Nach ein paar Wochen kann sie dann ihre eigenen Frühlingszwiebeln ernten!

INFO
Wird der Tofu gepresst, verliert er einen Teil seiner Feuchtigkeit, was ihn in der Pfanne dann herrlich goldbraun und knusprig werden lässt. Dafür den Tofu aus der Packung nehmen und überschüssiges Wasser abtropfen lassen. In Küchenpapier wickeln und auf einen Teller legen. Einen weiteren Teller darauflegen und darauf noch einmal etwas Schweres (aber nicht so schwer, dass der Tofu zerquetscht wird; gut geeignet ist beispielsweise eine Dose Tomaten). Den Tofu so 30 Minuten pressen, dann auswickeln und wie im Rezept beschrieben verarbeiten.

7 Knoblauchzehen, abgezogen und gehackt *(siehe #lifehack S.22)*

2 kleine frische koreanische grüne Chilischoten oder entkernte Jalapeño-Chilischoten, in Streifen geschnitten

2 Frühlingszwiebeln, das Weiße fein gehackt und das Grüne schräg in Streifen geschnitten *(siehe #lifehack unten)*

1 mittelgroße Karotte, fein gewürfelt

¼ mittelgroße rote Zwiebel, abgezogen und fein gewürfelt *(siehe »Spar dir die Tränen« S.86)*

8 kleine Tortillas, aufgewärmt, zum Servieren

1 EL Sesamsamen, geröstet, zum Bestreuen

4–6 PORTIONEN

Feta-Ramen aus dem Ofen

@ramenkingivan

Die Geschichte der überbackenen Feta-Pasta (»uunifetapasta« für all diejenigen, die gerade ihr Finnisch aufpolieren) kennen mittlerweile vermutlich alle: Sie begann in der finnischen Blogosphäre, schaffte den Sprung zu TikTok und eroberte von dort aus die Welt. Die Version des Ramen-Afficionados Ivan funktioniert so gut mit Instantnudeln, dass sogar er überrascht war – und er ist schließlich der Ramen King! Wer das Gericht sauciger mag oder für weniger Leute kocht, verwendet weniger Ramen.

325 g Kirschtomaten

60 ml Olivenöl extra vergine

Salz

schwarzer Pfeffer, frisch gemahlen

225 g Feta *(siehe INFO unten)*

340 g Instantnudeln (die Gewürztütchen für eine spätere Verwendung aufbewahren)

Chiliflocken zum Bestreuen

getrocknetes Basilikum zum Bestreuen

Den Backofen auf 175 °C vorheizen.

Kirschtomaten und Olivenöl in einer Auflaufform (ca. 24 × 36 cm) vermengen und mit Salz sowie Pfeffer würzen. Den Feta in die Mitte der Auflaufform geben und sanft im Olivenöl und den Gewürzen wenden.

Etwa 40 Minuten im Ofen backen, bis die Tomaten platzen und der Feta fast zerläuft.

In der Zwischenzeit nach rund 20 Minuten Backzeit in einem großen Topf reichlich Wasser zum Kochen bringen.

Sobald die Tomaten so weit sind, die Instantnudeln ins kochende Wasser geben und in etwa 3 Minuten gar kochen. In ein Sieb abgießen.

Die Nudeln sofort in die Auflaufform füllen und mit dem Feta sowie den Tomaten vermengen. Mit Chiliflocken und Basilikum bestreuen und umgehend servieren.

INFO
Die besten Ergebnisse erzielst du hier mit schnittfestem Feta. Ist er zu krümelig, schmilzt er schlecht und das Gericht wird trocken. Die perfekte Feta-Pasta aber ist cremig und zartschmelzend.

Kröne das Ganze mit einem Spiegelei.
Mit pflanzenbasiertem Bacon wird dieses Gericht vegetarisch!

UNTER 30 MINUTEN

2 PORTIONEN

Ramen carbonara

@cookingwithlynja

Was die Instantnudeln hier zum Hit macht, sind ihre kurze Garzeit und die Fähigkeit, *direkt in der Sauce* gekocht zu werden. Und was das bedeutet, weißt du ja: Kohlenhydrate, in denen von vornherein mehr Bacon-, Ei- und Käsegeschmack steckt. In Lynjas Version ist dieser italienische Mix enorm flexibel. Du kannst beispielsweise geriebenen Pecorino statt Parmesan verwenden oder die beiden mischen. Der eigentliche Sieger aber sind die Instantnudeln. (Scherz – natürlich ist hier niemand ein Verlierer!)

8 Scheiben Bacon, grob gehackt

20 g Parmesan, frisch gerieben *(siehe INFO S. 99)*

15 g Butter

170 g Instantnudeln (die Gewürztütchen für eine spätere Verwendung aufbewahren)

2 Eier (Größe L), verquirlt

Salz

schwarzer Pfeffer, frisch gemahlen

1 EL Sesamsamen, geröstet, zum Bestreuen

Frühlingszwiebelgrün, in Streifen geschnitten, oder Schnittlauchröllchen zum Bestreuen (optional)

Einen Teller mit Küchenpapier belegen und eine mittelgroße Pfanne bei mittlerer Temperatur erhitzen. Den Bacon in die Pfanne geben und in etwa 10 Minuten braun und knusprig braten. Anschließend auf dem Küchenpapier abtropfen lassen.

In die Pfanne mit dem Baconfett 480 Milliliter Wasser, die Hälfte des Parmesans und die Butter geben. Zum Kochen bringen. Die Nudeln hineingeben und unter häufigem Rühren in etwa 2 Minuten fast gar kochen.

Die Hitze auf niedrige Temperatur reduzieren und die Eier in die Pfanne geben. Unter ständigem Rühren etwa 1 Minute mit den Nudeln vermengen, bis eine dicke und cremige Sauce entstanden ist. Den Bacon sowie den restlichen Parmesan unterrühren und alles mit Salz und Pfeffer würzen. Die Pfanne vom Herd nehmen.

Die Ramen carbonara auf 2 Schalen verteilen und mit den gerösteten Sesamsamen sowie dem Frühlingszwiebelgrün oder den Schnittlauchröllchen garniert sofort servieren.

2 PORTIONEN

Gedämpfte Knoblauchgarnelen mit Vermicelli

@diana_mengyan

- 1 kg Riesengarnelen oder Schwarze Tigergarnelen, geschält und vom Darmfaden befreit
- 2 EL Sojasauce
- 1 EL Shaoxing-Reiswein *(siehe S. 132)*
- 100 g Vermicelli-Reisnudeln
- 3 EL neutrales Pflanzenöl (Mengyan verwendet Sonnenblumenöl)
- 1 Knoblauchknolle, abgezogen und gehackt *(siehe #lifehack S. 22)*
- Salz
- 1 EL Gewürzte Sojasauce für Meeresfrüchte
- Frühlingszwiebelgrün, in Ringe geschnitten, zum Bestreuen *(siehe #lifehack S. 74)*

Ja, in diesen Nudeln steckt eine ganze Knoblauchknolle, die dreifach gegart wird: zuerst sautiert, dann gedämpft und schließlich noch in heißem Öl gebrutzelt. Wenn du die Zutaten nicht ohnehin schon zu Hause hast, empfehlen wir einen kleinen Ausflug zum Asialaden, um dir die Reisnudeln, den Shaoxing-Reiswein und die spezielle Sojasauce für Meeresfrüchte zu besorgen *(siehe* »Schon gewusst?« *S. 80)* – denn erst damit bekommst du den Geschmack des Gerichts wirklich authentisch hin.

In einer mittelgroßen Schüssel die Garnelen mit der Sojasauce und dem Reiswein vermengen und für 15 bis 30 Minuten bei Zimmertemperatur ziehen lassen. Anschließend die Garnelen aus der Marinade nehmen und diese dabei aufbewahren.

In der Zwischenzeit die Reisnudeln 5 bis 10 Minuten in heißem Wasser einweichen, bis sie biegsam sind. Anschließend abgießen und kürzer schneiden (z. B. halbieren).

1 Esslöffel neutrales Pflanzenöl und etwa zwei Drittel des Knoblauchs in eine kleine Pfanne geben und die Pfanne bei mittlerer Temperatur erhitzen. Ist rund ein Drittel des Knoblauchs goldbraun, die Hitze auf niedrige Temperatur reduzieren und den Knoblauch weitersautieren, bis er ganz goldbraun ist. Die Pfanne vom Herd nehmen und den restlichen Knoblauch hineingeben. Mit Salz bestreuen und verrühren, bis die Resthitze der Pfanne den rohen Knoblauch erwärmt hat.

Einen Dämpfkorb in einen großen Topf wie einen Wok stellen. (Du hast keinen Dämpfkorb? Dann *siehe #lifehack auf S. 80.*) Den Topf bis zum Boden des Korbs mit Wasser füllen. Den Deckel auflegen und das Wasser zum Kochen bringen.

Fortsetzung ▶

Das Beträufeln mit brutzelndem Öl zum Schluss sorgt für tonnenweise Aroma!

Die Nudeln in die Mitte eines großen, hitzebeständigen Tellers geben (der Teller muss noch in den Wok passen) und anschließend zuerst die Garnelen und dann den Knoblauch darauflegen. Alles mit der aufbewahrten Garnelenmarinade sowie der Gewürzten Sojasauce für Meeresfrüchte beträufeln.

Den Teller auf den Dämpfkorb legen und die Temperatur so einstellen, dass das Wasser im Topf beständig kocht, aber nicht auf den Teller spritzt. Zugedeckt rund 8 Minuten dämpfen, bis die Garnelen rosa und die Vermicelli gar sind.

Vorsichtig den Teller aus dem Topf nehmen und Nudeln, Garnelen sowie Knoblauch mit Frühlingszwiebelgrün bestreuen. (Zum Herausmanövrieren des Tellers verwendet Mengyan einen sogenannten Tellergreifer. Wenn du den nicht hast, könntest du es auch mit zwei Zangen versuchen oder das Essen rasch auf einen anderen Teller »umladen«. Nimm keinesfalls nur Geschirrtücher, dabei verbrennst du dich am heißen Topf!)

Die restlichen 2 Esslöffel Öl in der kleinen Pfanne bei hoher Temperatur bis zum Rauchpunkt erhitzen und das Öl anschließend sofort über die Garnelen gießen, sodass es brutzelt. Umgehend servieren.

#lifehack
Wer keinen Dämpfkorb hat, kann sich hier mit drei Alufolienkugeln in der Größe von Golfbällen behelfen. Diese einfach in den Topf legen, ausprobieren, ob der Teller auch gerade darauf steht, dann Wasser angießen und nach Herzenslust drauflosdämpfen!

Schon gewusst?

Gewürzte Sojasauce für Meeresfrüchte gibt es von allen bekannten Marken wie z.B. Kikkoman, Pearl River Bridge und Lee Kum Kee, sie ist in vielen Supermärkten sowie im Asialaden und online erhältlich. Diese Sojasauce ist etwas süßer und hat mehr Umami als andere Sojasaucen.

Tipps der Pasta Queen für Pastaperfektion

Die Tage der Bäh-Nudeln sind definitiv gezählt! Nadia alias Pasta Queen serviert ihren Millionen Follower*innen, die Nadias saftige Rezepte ebenso schätzen wie ihre saftigen Kommentare, nur die dekadentesten Kohlenhydrate. Die Italienerin und exzellente Köchin weiß ein paar Dinge mehr, wenn es ums Nudelkochen geht. Hier also ihre Tipps für den perfekten Pastateller.

Salz im Kochwasser – ein Muss

Da Nudeln nur aus Mehl und Wasser (oder Eiern) bestehen, bringt reichlich Salz im Kochwasser nicht nur erstaunliche Aromen, sondern auch den Italiener in dir hervor! Frag mich nicht, wie viel Salz ins Wasser gehört – ich messe es nie ab. Es sollte so viel sein, dass es deine Geschmacksknospen kitzelt und du zufrieden seufzt ...

Pasta und Sauce gehören zusammen

Sucht man nach Bildern von Spaghetti bolognese, findet man häufig solche, bei denen die Sauce oben auf den faden, traurigen Nudeln hockt. Das geht gar nicht! Meine Großmutter würde sich im Grab umdrehen. Sind die Nudeln fertig, gehören sie unbedingt in die Sauce und müssen mit dieser gründlich vermengt werden.

Nudelwasser = Tränen der Götter

Der Legende nach sahen die römischen Götter, wie jemand trockene Nudeln servierte, woraufhin sie zu weinen begannen. Die aufgefangenen Tränen befeuchteten die Nudeln – das Nudelwasser war geboren! Und das gehört unbedingt zur Pasta-Saucen-Mischung: Es macht sie sämig und verleiht ihr erst den richtigen Geschmack.

Das wahre Nudelgeheimnis ...

... besteht darin, die Nudeln abzugießen, bevor sie al dente sind. Gib sie in den Topf oder die Pfanne mit der Sauce, füge eine Tasse Nudelkochwasser hinzu und lass alles noch etwas köcheln. Füge eine weitere Tasse Wasser hinzu und lass es weiterköcheln. So absorbieren die Nudeln die Sauce, und das Ergebnis ist einfach himmlisch!

Wer sich beim Pastakochen toll fühlt und auch so aussieht, zaubert die schmackhaftesten Nudelgerichte

So sagt ein altes italienisches Sprichwort.
In Liebe,
eure Pasta Queen

4 PORTIONEN

Feta-Pasta-Suppe

@feelgoodfoodie

Eine der ersten Creators, die Feta-Pasta auf TikTok gehypt haben, war keine Geringere als Yumna alias Feel Good Foodie. Sie beginnt ihr Video mit dieser Wahnsinnsnachricht: »Wegen dieses Rezepts war Feta in finnischen Supermärkten eine Zeit lang ausverkauft.« Das hat Yumna allerdings nicht davon abgehalten, der Welt weitere sechs Varianten des cremigen, pikanten und lächerlich einfachen Nudelgerichts zu schenken. Und die vielleicht genialste Version ist diese deftige und irgendwie noch einfachere Suppe.

900 g Kirschtomaten

75 ml + 1 EL Olivenöl extra vergine

Salz (Yumna verwendet Meer- oder Steinsalz)

schwarzer Pfeffer, frisch gemahlen

225 g Feta *(siehe INFO S. 75)* + etwas mehr zum Bestreuen

½ mittelgroße Zwiebel, abgezogen und fein gehackt *(siehe »Spar dir die Tränen« S. 86)*

4 Knoblauchzehen, abgezogen und fein gehackt *(siehe #lifehack S. 22)*

Chiliflocken (optional)

950 ml Hühner- oder Gemüsebrühe

1 TL fein gehackte frische Thymianblättchen

12 g frische Basilikumblätter, in feine Streifen geschnitten + etwas mehr zum Garnieren

125 g Rotini, Orzo oder eine andere kleine Pastasorte

Den Backofen auf 200 °C vorheizen.

Die Kirschtomaten und 75 Milliliter Olivenöl in einer großen Auflaufform vermengen. Mit Salz und Pfeffer würzen. Den Feta in die Auflaufform geben und vorsichtig in der Mischung wenden. Anschließend alles nebeneinander in der Form ausbreiten.

35 bis 40 Minuten im Ofen backen, bis die Tomaten zu platzen beginnen und der Feta weich ist.

In der Zwischenzeit einen großen Topf bei mittlerer Temperatur erhitzen. Den restlichen Esslöffel Olivenöl sowie die Zwiebel hineingeben und Letztere etwa 5 Minuten in dem Öl glasig dünsten. Den Knoblauch hinzufügen und alles mit Salz, Pfeffer sowie Chiliflocken würzen. Etwa 1 Minute weiterdünsten, bis der Knoblauch zu duften beginnt. Die Brühe angießen und den Thymian unterrühren. Die Mischung zum Kochen bringen; anschließend die Hitze reduzieren und alles sanft köcheln lassen, bis die Tomaten im Ofen fertig sind.

Die fertige Tomaten-Feta-Mischung mitsamt Garflüssigkeit in den Topf auf dem Herd geben. Das Basilikum unterrühren.

Die Mischung noch einmal zum Köcheln bringen und die Nudeln hineingeben. Diese in 7 bis 8 Minuten in der Suppe gar kochen. Mit Salz, Pfeffer und Chiliflocken abschmecken.

Mit zerkrümeltem Feta und gehacktem Basilikum garniert sowie mit schwarzem Pfeffer bestreut heiß servieren.

Welche sind deine Lieblings-#fetapasta-Hacks?
Kaufe etwas mehr Feta zum Garnieren!

Kasoori Methi für dieses Gericht und die Pakora auf Seite 59 findest du im Asialaden.

2 PORTIONEN

Butter-Chicken-Pasta

@renes.cravings

Eines Tages hatte Rene die geniale Idee, ihr Lieblingsgericht aus der Kindheit, das sie auch heute noch furchtbar gern isst – Butter Chicken –, mit Nudeln zu kombinieren, auf die sie gerade wahnsinnig Lust hatte. So entstand ein extrem würziges Gericht, das auch du ab sofort höchstwahrscheinlich öfter zubereiten wirst. Es schmeckt vertraut und doch absolut unerwartet – außerdem ist es richtig lecker!

Für das Hähnchen

- 340 g Hähnchenbrustfilets ohne Haut, in mundgerechte Stücke geschnitten
- 2 EL Joghurt
- 1 EL Olivenöl extra vergine
- 1 TL Tafelsalz *(siehe S. 13)*
- 1 TL schwarzer Pfeffer, frisch gemahlen
- 1 TL Kasoori Methi (getrocknete Bockshornkleeblätter)
- 1 TL Kashmiri-Chilipulver
- 1 TL Knoblauchpulver
- 1 TL gemahlener Kreuzkümmel
- 1 TL Garam Masala

Für die Pasta

- Salz
- 115 g Fettuccine
- 3 EL Olivenöl extra vergine
- 30 g Butter
- 2 kleine Zwiebeln, abgezogen und gewürfelt *(siehe »Spar dir die Tränen« S. 86)*
- 4 Knoblauchzehen, abgezogen und gehackt *(siehe #lifehack S. 22)*
- 1 EL frischer Ingwer, geschält und gerieben
- 2 EL Tomatenmark

Für das Hähnchen: Die Hähnchenbrustfiletstücke in einer großen Schüssel mit Joghurt, Olivenöl, Salz, Pfeffer, Kasoori Methi, Chilipulver, Knoblauchpulver, Kreuzkümmel und Garam Masala gründlich vermengen. Zugedeckt im Kühlschrank 1 Stunde ziehen lassen.

Für die Pasta: Gesalzenes Wasser in einem großen Topf zum Kochen bringen und die Fettuccine darin nach Packungsanweisung al dente, also leicht bissfest, garen. Rund 100 Milliliter Nudelkochwasser abmessen und aufbewahren. Anschließend die Nudeln in ein Sieb abgießen und beiseitestellen.

In der Zwischenzeit das Olivenöl in einer großen beschichteten Pfanne bei mittlerer Temperatur erhitzen. Die marinierten Hähnchenstücke hineingeben und 3 bis 4 Minuten auf jeder Seite anbraten. Sollte die Marinade verbrennen, die Hitze reduzieren. Das Fleisch anschließend auf einen Teller geben.

In derselben Pfanne die Butter bei mittlerer Temperatur zerlassen. Zwiebeln, Knoblauch sowie Ingwer hineingeben und in 3 bis 4 Minuten in der Butter leicht glasig dünsten. Das Tomatenmark hinzufügen und unter ständigem Rühren etwa 2 Minuten mitbraten, bis es etwas dunkler geworden ist.

Fortsetzung (Zutaten & Rezept) ▶

Die Hitze auf niedrige Temperatur reduzieren und Chilipulver, Garam Masala, Kreuzkümmel, Kasoori Methi sowie Paprikapulver in die Pfanne geben. Mit Salz und Pfeffer würzen. Alles rund 1 Minuten braten, bis die Gewürze zu duften beginnen. Sahne und aufbewahrtes Nudelkochwasser unterrühren.

Die Fettuccine sowie die Hähnchenstücke in die Sauce geben und alles gut vermengen. Heiß servieren.

Spar dir die Tränen

Wir leben im 21. Jahrhundert – und heulen beim Zwiebelschneiden immer noch. Unfassbar! Deshalb gibt vielleicht kein Küchentipp einen so guten Hack ab wie der zum Zwiebelschneiden.

Noch konnte man sich auf #foodtok nicht einigen, welcher der vielen Hacks da draußen, die behaupten, tränende Augen beim Zwiebelschneiden verhindern zu können, wirklich funktioniert – beziehungsweise bei jedem funktioniert –, doch haben einige der Creators in diesem Buch ihre jeweils eigene Lieblingsmethode. Probiere sie einfach alle aus, und vielleicht hast du dann ja deine letzte Zwiebelträne geweint.

@renes.cravings schwört darauf, abgezogene Zwiebeln vor dem Schneiden für 5 Minuten ins Gefrierfach zu legen: »Seitdem habe ich nicht mehr geweint – zumindest nicht beim Zwiebelschneiden!«

Für @auntieloren ist ihr Zwiebeltrick ihr Lieblings-Küchenhack: »Mit dem heult garantiert niemand mehr!« Dafür die Zwiebel abziehen, halbieren und vor dem Schneiden rund 10 Minuten in eiskaltes Wasser legen.

Die @twincoast-Schwestern haben alle ausprobiert, bleiben aber bei ihrem: »Einfach feuchtes Küchenpapier auf das Schneidbrett legen … das funktioniert immer!«

2 TL Kashmiri-Chilipulver

1 TL Garam Masala

1 TL gemahlener Kreuzkümmel

1 TL Kasoori Methi (getrocknete Bockshornkleeblätter)

½ TL Paprikapulver

schwarzer Pfeffer, frisch gemahlen

150 g Sahne

UNTER 30 MINUTEN

1–2 PORTIONEN

Gebratener Reis mit Garnelen

@chefchrischo

Küchenchef Cho liefert mit seinem Rezept für gebratenen Reis mit Garnelen erstklassige Geheiminformationen gleich mit dazu: beispielsweise wie man Garnelen perfekt gart und verhindert, dass der Reis matschig wird. Und die vielleicht größte Innovation von allen: Butter hinzufügen. Noch ein schönes Spiegelei obendrauf, und fertig ist das Abendessen. Für drei oder vier Personen kann die Zutatenmenge verdoppelt werden, zubereitet werden sollte dann allerdings portionsweise.

- 3 EL neutrales Pflanzenöl
- 3–4 Eier (Größe L), je nachdem, wie viele Portionen es werden sollen
- 3 EL Frühlingszwiebelringe, getrennt nach weiß und grün
- 2 Knoblauchzehen, abgezogen und gehackt
- 140 g große Garnelen, geschält und vom Darmfaden befreit
- ¼ kleine Zwiebel, abgezogen und fein gewürfelt *(siehe »Spar dir die Tränen« S. 86)*
- ½ kleine Karotte, fein gewürfelt
- 15 g Butter
- Salz
- schwarzer Pfeffer, frisch gemahlen
- 250 g gekochter Reis vom Vortag, vorzugsweise weißer Rundkornreis
- 1 EL dunkles Sesamöl
- 1 EL Sojasauce
- 1 Nori-Blatt, geröstet und zerkrümelt, zum Bestreuen
- Sesamsamen, geröstet, zum Bestreuen

In einer mittelgroßen Pfanne 1 Esslöffel Öl bei mittlerer Temperatur erhitzen. 2 Eier in die Pfanne schlagen und sofort mit einem Pfannenwender verrühren. Etwa 1 Minute braten, auf einen Teller geben und beiseitestellen.

Die Hitze auf mittlere bis hohe Temperatur erhöhen und 1 weiteren Esslöffel Öl in die Pfanne geben. Die weißen Frühlingszwiebelringe sowie den Knoblauch hineingeben und rund 1 Minute dünsten. Die Garnelen hinzufügen und unter Rühren etwa 1 Minute mitdünsten, bis sie fast gar sind.

Zwiebel, Karotte und Butter dazugeben und mit Salz sowie Pfeffer würzen. Unter häufigem Rühren 2 bis 3 Minuten mitgaren.

Reis, Sesamöl und Sojasauce mit dem Pfanneninhalt verrühren. Unter häufigem Rühren 1 bis 2 Minuten weiterbraten, bis der Reis warm ist. Die Rühreier untermengen und alles auf einen Teller geben.

Die Hitze auf mittel bis niedrig reduzieren, die Pfanne auswischen und das restliche Öl hineingeben. 1 Ei pro Person in die Pfanne schlagen und rund 6 Minuten braten, bis das Eiweiß fest, das Eigelb aber noch flüssig ist. Das Ei auf den Reis gleiten lassen und mit grünen Frühlingszwiebelringen, Nori sowie Sesamsamen bestreut servieren.

#lifehack
Sollte Reis übrig sein, den du nicht braten willst, dann kannst du ihn auch in der Mikrowelle aufpeppen: auf einen Teller legen und 1 Eiswürfel darauflegen. In der Mikrowelle wird das Eis den Reis dämpfen, dabei aber nicht schmelzen!

6 PORTIONEN

450 g Rundkornreis

3 EL Sojasauce

1 TL dunkles Sesamöl

80 g geschälte Edamame, frisch oder TK (TK-Edamame können unaufgetaut verwendet werden)

20 g Shiitake-Kappen, gewürfelt

45 g Maiskörner, frisch oder TK (TK-Maiskörner können unaufgetaut verwendet werden)

35 g chinesische Wurst, gekochter Schinken oder Dougan, gewürfelt

115 g Karotten, gewürfelt

1 mittelgroße Tomate

Salz

Gemüsereis für Faule

@cookingbomb

Für dieses neue Rezept, das dir deinen Abend unter der Woche retten wird, musst du Vivian Aronson danken, die nicht nur auf TikTok, sondern auch im Fernsehen kocht. Es könnte einfacher nicht sein: den Reis spülen, Gemüse schnippeln und eine Tomate kreuzweise einritzen, damit sie im Reiskocher für jede Menge Aroma sorgt. Wer keine chinesische Wurst findet, kann sie durch geräucherten Schinken oder Frühstücksfleisch ersetzen – rohe Wurst eignet sich jedoch nicht. Und wer ganz auf Fleisch verzichten möchte, dem empfiehlt Vivian Dougan: Diese feste Tofusorte wird gepresst und in Sojasauce sowie Gewürzen geschmort.

Den Reis in ein Sieb geben und unter fließendem kaltem Wasser gründlich abbrausen. Abtropfen lassen und den Vorgang 2-mal wiederholen.

Den Reis in den Reiskocher füllen und 720 Milliliter Wasser, Sojasauce sowie Sesamöl dazugeben. Gründlich verrühren. Edamame, Shiitake-Pilze, Maiskörner, gewürfelte Wurst und Karotten auf den Reis legen. (Vivian ordnet alles immer getrennt an, du kannst die Zutaten aber auch gemischt auf dem Reis verteilen.)

Mit einem scharfen Messer die Unterseite der Tomate kreuzweise einritzen (ca. 2½ breit und 1,3 cm tief). Die Tomate mit dem Kreuz nach oben mittig auf das Gemüse legen.

Den Reis im Reiskocher garen. Ist er fertig, den Deckel des Reiskochers öffnen und Reis sowie Gemüse mit Salz würzen. Alles vermengen, noch einmal mit Salz abschmecken und heiß servieren.

Lust auf mehr Gemüse? Auch grüne Bohnen, Paprika und Zucchini passen toll!

Haitianische Jackfrucht-Enchiladas (Seite 103)

High-Key Dinner

Genial: mit dem
Ramen-Gewürz
gleich den Ricotta
verfeinern!

6–8 PORTIONEN

450 g Ricotta

1 Gewürztütchen aus einer Packung Instantnudeln, ca. 1½ TL Gewürz, z. B. in der Geschmacksrichtung Huhn, Miso oder Soja

Salz

schwarzer Pfeffer, frisch gemahlen

1,6–1,9 kg Pastasauce, z. B. Marinara oder Bolognese

ca. 500 g Instantnudeln

450 g geriebener bzw. zerteilter Mozzarella

Ramen-Lasagne

@ramenkingivan

Mit seinen Ramen-Innovationen hat Ivan bereits im College begonnen. Und es war nur eine Frage der Zeit, bis er dabei die genialste Version von allen erfand: die Ramen-Lasagne. Die Instantnudeln müssen nicht gekocht werden und verleihen dem Gericht einen ganz besonderen Charakter. Außerdem könnte das Zusammenwerfen der Zutaten einfacher nicht sein: Nimm deine Lieblingsfleisch- oder vegetarische Sauce (natürlich kannst du diese auch selbst zubereiten) und pack Käse obendrauf. Der Ricotta in diesem Rezept wird mit dem Ramen-Gewürz verfeinert – was ein unvergleichliches, parmesanähnliches Umami-Aroma ergibt!

Den Backofen auf 175 °C vorheizen.

In einer kleinen Schüssel Ricotta, Ramen-Gewürz, 1 Prise Salz und viel schwarzen Pfeffer verrühren. Abschmecken und bei Bedarf mehr Salz hinzufügen.

Den Boden einer Auflaufform (ca. 24 × 36 cm) mit wenig Pastasauce bedecken.

Die Nudelblöcke jeweils in zwei dünne Hälften brechen und 6 der Hälften in die Auflaufform legen. Mit 180 Milliliter Wasser beträufeln. Die Ricottamischung darauf verteilen, die Hälfte des Mozzarellas und anschließend die Hälfte der Sauce daraufgeben. Die restlichen Nudeln darauflegen und 120 Milliliter Wasser darübergießen. Die restliche Sauce darauf verteilen (wird die Form zu voll, diese weglassen) und alles mit dem restlichen Mozzarella bestreuen.

Die Auflaufform auf ein Backblech stellen (falls etwas überläuft) und die Lasagne im Ofen in 25 bis 30 Minuten goldbraun überbacken.

Aus dem Ofen nehmen, 10 Minuten abkühlen lassen und servieren.

10–12 PORTIONEN

Chicken 65 Biryani

@renes.cravings

Rene hat für dieses verschlankte Biryani-Rezept alle Register gezogen. Superwürzige marinierte Hähnchenschenkel werden gebraten und mit Sauce umhüllt – das ist der »Chicken 65«-Teil, ein berühmtes südindisches Gericht, von dem man einfach nicht genug bekommen kann. Diese einfachere Biryani-Variante stammt eigentlich von Renes Mama: Hier gesellen sich wunderbar aromatisierter Reis und jede Menge knuspriger Zwiebeln zum Fleisch.

Für das Hähnchen

1,5 kg Hähnchenschenkel, ohne Knochen und ohne Haut, in 5 cm große Stücke geschnitten

120 g Joghurt

35 g Speisestärke

3 EL Mehl

3 EL Biryani Masala

2 EL Kashmiri-Chilipulver

4 Knoblauchzehen, abgezogen und fein gehackt

1 EL gemahlener Koriander

2 cm frischer Ingwer, geschält und fein gehackt

1 Ei (Größe L)

1 TL schwarzer Pfeffer, frisch gemahlen

1 TL gemahlene Kurkuma

1 TL Zitronensaft, frisch gepresst *(siehe #lifehack S. 155)*

Salz

neutrales Pflanzenöl zum Braten

Für den Reis

560 g Basmatireis

3 Kardamomkapseln

3 ganze Nelken

2 Lorbeerblätter

½ TL Kreuzkümmelsamen

1,3 cm Zimtstange

Für das Hähnchen: Hähnchenstücke, Joghurt, Stärke, Mehl, Biryani Masala, Chilipulver, Knoblauch, Koriander, Ingwer, Ei, Pfeffer, Kurkuma und Zitronensaft in eine große Schüssel geben und gründlich vermengen. Mit Salz würzen. Zugedeckt im Kühlschrank mindestens 1 Stunde, besser aber über Nacht ziehen lassen.

Das Öl etwa 1,3 Zentimeter hoch in eine große Pfanne füllen und bei mittlerer bis hoher Temperatur erhitzen. Die marinierten Hähnchenstücke hineingeben und 4 bis 5 Minuten unter gelegentlichem Wenden in dem Öl braten. Auf einen Teller legen und beiseitestellen. Das Öl bis auf 80 Milliliter aus der Pfanne gießen und die Pfanne für später ebenfalls beiseitestellen.

Für den Reis: Den Reis in ein Sieb geben und unter fließendem kaltem Wasser mehrmals gründlich abbrausen. In einer Schüssel mindestens 2½ Zentimeter hoch mit Wasser bedecken und 30 Minuten einweichen. Anschließend abgießen.

Kardamom, Nelken, Lorbeerblätter, Kreuzkümmelsamen und Zimtstange mit 1,9 Liter Wasser in einen großen Topf geben und das Wasser zum Kochen bringen. Den gespülten Reis hinzugeben und darin halb gar kochen; meist dauert das 9 bis 12 Minuten, das hängt allerdings von der Reismarke ab. Genau richtig ist der Reis, wenn er außen weich und innen noch fest und opak ist. Dann den Reis abgießen und beiseitestellen.

Fortsetzung (Zutaten & Rezept) ▶

Das Biryani Masala ist sehr wichtig. Du bekommst es im Asialaden oder online.

Dazu passt kühlender Gurken-Raita.

Für die Sauce: Das Öl in der beiseitegestellten Pfanne bei niedriger Temperatur erneut erhitzen. Chilischoten, Kardamom, Nelken, Lorbeerblätter, Zimtstange, Kreuzkümmelsamen sowie Fenchelsamen hineingeben und etwa 1 Minute dünsten, bis die Gewürze zu duften beginnen.

Die Hitze auf mittlere Temperatur erhöhen und Knoblauch sowie Ingwer in die Pfanne geben. 2 bis 3 Minuten mitbraten, dabei die Temperatur reduzieren, wenn etwas anzubrennen droht.

Joghurt, Koriander, Minze, Biryani Masala, Ghee, Chilipulver, gemahlenen Kreuzkümmel, Pfeffer, Kurkuma und 60 Milliliter Wasser hinzufügen. Mit Salz würzen und alles 2 bis 3 Minuten weitergaren, bis sich die Aromen miteinander verbinden.

Die Hähnchenstücke dazugeben und alles gut vermengen. Die Hitze auf niedrige Temperatur reduzieren und alles zugedeckt 4 bis 5 Minuten simmern lassen, bis die Sauce leicht eindickt. Die Pfanne vom Herd nehmen.

Einen Teller mit Küchenpapier belegen und einen großen Topf mit schwerem Boden 5 Zentimeter hoch mit Öl befüllen. Dieses bei mittlerer bis hoher Temperatur mithilfe eines Küchenthermometers auf 175 °C erhitzen. Die Zwiebeln hineingeben und unter gelegentlichem Rühren in rund 25 Minuten goldbraun frittieren. Mit einem Schaumlöffel herausheben und auf dem Küchenpapier abtropfen lassen.

Für das Biryani: In einen weiteren großen Topf mit schwerem Boden, beispielsweise einen Schmortopf, eine dünne Schicht Öl gießen. Dieses auf der niedrigstmöglichen Stufe erhitzen. Die Hälfte des Fleischs gleichmäßig darin verteilen. Die Hälfte vom Reis darübergeben und mit der Hälfte der frittierten Zwiebeln bestreuen. Mit dem restlichen Fleisch, dem restlichen Reis und den restlichen Zwiebeln ebenso verfahren. Zum Schluss mit Ghee beträufeln. (Ist der Topf nicht breit genug, können auch drei Schichten notwendig sein.)

Den Deckel auflegen und den Reis in 10 bis 15 Minuten fertig garen. Falls etwas anzubrennen droht, die Hitze reduzieren. Heiß servieren.

Für die Sauce

6 kleine frische grüne Chilischoten, z. B. Serrano-Chilischoten

5 Kardamomkapseln

5 ganze Nelken

3 Lorbeerblätter

1 kleine Zimtstange

1 TL Kreuzkümmelsamen

½ TL Fenchelsamen

4 Knoblauchzehen, abgezogen und fein gehackt

2 cm frischer Ingwer, geschält und fein gehackt

120 g Joghurt

20 g frische Korianderblätter, gehackt

20 g frische Minzeblätter, gehackt

2 EL Biryani Masala

2 EL Ghee

1 EL Kashmiri-Chilipulver

1 TL gemahlener Kreuzkümmel

½ TL schwarzer Pfeffer, frisch gemahlen

⅓ TL gemahlene Kurkuma

Salz

Für das Biryani

neutrales Pflanzenöl zum Frittieren

2 große Zwiebeln

1 EL Ghee

4 PORTIONEN

Chicken Wings mit Parmesan-Knoblauch-Sauce

@thegoldenbalance

Wer durch Ahmads Seite scrollt, wird feststellen, dass bei ihm alles zu goldbrauner Perfektion frittiert wird, dass er sich mit Saucen auskennt und dass er der Herr der Chicken Wings ist. Und hier kommt das ultimative Rezept dazu, denn es vereint alle drei genannten Dinge. Die Chicken Wings werden leicht und doch knusprig in Kartoffelstärke und Panko paniert, dazu gibt es eine extracremige, extraknofelige Sauce … Was will man mehr?

Für die Chicken Wings

- 900 g Chicken Wings
- 3 TL salzfreie Cajun-Gewürzmischung
- 2 TL Meer- oder Steinsalz *(siehe S. 13)*
- 480 g Buttermilch
- neutrales Öl zum Frittieren
- 180 g Kartoffelstärke *(siehe* »Schon gewusst?« *S. 99)*
- 60 g Pankomehl

Für die Sauce

- 30 g Butter
- 6–10 Knoblauchzehen, abgezogen und gehackt *(siehe #lifehack S. 22)*
- 240 g Sahne
- 30 g Parmesan, frisch gerieben *(siehe INFO S. 99)*
- 1 TL Chiliflocken
- ½ TL getrockneter Thymian
- 4 sonnengetrocknete Tomaten (getrocknet, nicht in Öl), gehackt (optional)

Für die Chicken Wings: Die Chicken Wings mit einem scharfen Messer oder einer Geflügelschere am Gelenk auseinanderschneiden. Wer mag, schneidet auch noch die Flügelspitzen ab und entsorgt sie oder kocht eine Brühe daraus (#lifehack).

Die zerteilten Chicken Wings in einer großen Schüssel mit 1 Teelöffel Cajun-Gewürzmischung und 1 Teelöffel Salz vermengen. Mit Buttermilch bedecken (dabei bleibt vielleicht etwas Buttermilch übrig) und zugedeckt über Nacht im Kühlschrank ziehen lassen.

Das Öl 7½ Zentimeter hoch in einen großen Topf mit schwerem Boden, z. B. einen Schmortopf, füllen und mithilfe eines Küchenthermometers auf 175 °C erhitzen. Einen Ofenrost auf ein Backblech legen.

In einer großen Schüssel Kartoffelstärke, Pankomehl, die restliche Cajun-Gewürzmischung und das restliche Salz verrühren.

Die Chicken-Wings-Teile nacheinander aus der Marinade nehmen, gut abtropfen lassen (sei geduldig, sonst haftet die Panade nicht) und in der Stärke-Panko-Mischung wenden. Überschüssige Panade abklopfen. Die panierten Chicken-Wings-Teile auf einen Teller legen.

Fortsetzung ▶

Ahmads Tipp für
megaknusprige
Chicken Wings:
die Buttermilch-
marinade vor dem
Panieren erst
ganz abtropfen
lassen!

Die panierten Chicken-Wings-Teile portionsweise vorsichtig ins heiße Öl geben, dabei den Topf nicht überfüllen (sonst werden die Chicken Wings nicht knusprig). In 7 bis 10 Minuten goldbraun frittieren und anschließend auf dem Ofenrost abtropfen lassen. Das Öl zwischen den einzelnen Portionen immer wieder auf 175 °C erhitzen.

Für die Sauce: Die Butter in einen mittelgroßen Topf geben und bei mittlerer bis niedriger Hitze zerlassen. Den Knoblauch dazugeben und in rund 4 Minuten weich und goldfarben dünsten. Die Sahne angießen und die Hitze auf mittlere bis hohe Temperatur erhöhen. Sobald die Mischung sanft köchelt, die Temperatur wieder reduzieren und Parmesan, Chiliflocken, Thymian sowie Tomaten unterrühren. Weiterköcheln lassen, bis der Parmesan schmilzt, dann den Topf vom Herd nehmen.

Die Chicken Wings in eine große Schüssel füllen. Mit der Parmesan-Knoblauch-Sauce begießen und sofort servieren.

INFO
Lass den geriebenen Parmesan im Supermarkt links liegen und tu, was Ahmad tut: Kaufe ein ganzes Stück Parmigiano Reggiano und reibe den Parmesan frisch. Der Unterschied im Geschmack wird dich garantiert überzeugen!

Schon gewusst?

Kartoffelstärke wird, du hast es geahnt, aus Kartoffeln hergestellt und beweist ihre Stärke vor allem beim Frittieren. Mit ihr wird das Frittierte knuspriger als mit Maisstärke oder Mehl, zudem verträgt sie höhere Temperaturen.

Sie ist nicht immer durch Maisstärke ersetzbar, vor allem dann nicht, wenn sie zum Andicken benutzt wird. Und wenn sie in einem Rezept als Panade für Frittiertes auftaucht, solltest du sie auch unbedingt verwenden.

8 PORTIONEN

Biscuit Pot Pie

@auntieloren

Was ist entspannender: Loren dabei zuzusehen, wie sie total gechillt das ultimative Comfort Food kocht, oder aber ihre Playlist, die einen sofort in die Neunziger zurückversetzt? (Fangfrage.) Die richtige Antwort lautet: ihr Essen zu genießen – und bis Loren dich zu sich nach Hause zum Essen einlädt, kannst du dir damit behelfen, ihre Pot Pie selbst zuzubereiten. Die cremige Hühnerpastete mit jeder Menge Gemüse ist von selbst gebackenen Biscuits gekrönt und dank des Gewürzsalzes superaromatisch.

Für die Biscuits

- 180 ml Milch + etwas mehr zum Bestreichen
- 1 TL Zitronensaft, frisch gepresst *(siehe #lifehack S. 155)*
- 280 g Mehl *(siehe #lifehack S. 155)* + etwas mehr für die Arbeitsfläche und zum Bestäuben
- 1 EL Zucker
- 1 EL Backpulver
- 1 TL Tafelsalz *(siehe S. 13)*
- ¼ TL Gewürz- oder Kräutersalz, z. B. Lawry's
- ¼ TL schwarzer Pfeffer, frisch gemahlen
- 60 g sehr kalte Butter, in kleine Stücke geschnitten

Für die Biscuits: In einer kleinen Schüssel Milch und Zitronensaft verrühren. Beiseitestellen und etwas gerinnen lassen.

In der Küchenmaschine oder, falls von Hand geknetet wird, in einer großen Schüssel Mehl, Zucker, Backpulver, Tafelsalz, Gewürz- oder Kräutersalz und Pfeffer verrühren. Die kalten Butterstückchen hineingeben und alles – falls von Hand: mit einer Gabel – zu einem krümeligen Teig verarbeiten. Die Butterstückchen sollten zum Schluss erbsengroß sein.

In der Mitte der Mehlmischung eine Mulde formen und die leicht geronnene Milch hineingießen. Mit den Knethaken – falls von Hand: mit einem Löffel – auf niedriger bis mittlerer Stufe nur so lange verrühren, bis der Teig feucht und klebrig ist. Falls er noch zu klebrig ist, teelöffelweise Mehl unterrühren. (Von Hand sollte der Teig auf der leicht bemehlten Arbeitsfläche geknetet werden.)

Den Teig durch Flachdrücken zu einem 2½ bis 5 Zentimeter dicken Rechteck formen – wie groß das Rechteck ist, spielt keine Rolle. Eine Teighälfte über die andere schlagen und nochmals flach drücken; anschließend den Vorgang wiederholen. Mit einem Keksausstecher oder einem Glas (6½ bis 7½ cm Ø) 8 Biscuits ausstechen; dabei falls nötig die Teigreste noch einmal verkneten und flach drücken.

Ein Backblech leicht mit Mehl bestäuben und die Biscuits darauflegen. Während der Zubereitung der Füllung kühl stellen.

Den Backofen auf 190 °C vorheizen.

Für die Pot-Pie-Pastete: Das Fleisch mit dem Gewürz- oder Kräutersalz und dem Pfeffer würzen. Das Olivenöl in einer mittelgroßen Pfanne bei mittlerer Temperatur erhitzen. Die Hähnchenbruststücke hineingeben und unter gelegentlichem Rühren etwa 5 Minuten in dem Öl anbraten.

In einer gusseisernen oder anderen ofenfesten Pfanne (30 cm Ø) die Butter bei mittlerer bis hoher Temperatur zerlassen. Karotte, Sellerie und Zwiebel in die Pfanne geben und in etwa 5 Minuten weich dünsten. Erbsen und Petersilie unterrühren. Mit dem Mehl bestäuben, den Thymian dazugeben und alles noch einmal gründlich verrühren.

Hühnerbrühe sowie Sahne angießen und weiterrühren, bis sich das Mehl vollständig aufgelöst hat. Mit Salz und Pfeffer würzen. Etwa 3 Minuten köcheln lassen, bis die Sauce leicht eindickt. (Ist sie zu dünn, 1 Esslöffel Mehl mit 1 Teelöffel Wasser verrühren und in die Pfanne geben.) Das angebratene Fleisch unterrühren. Die Hitze auf niedrige Temperatur reduzieren und alles noch etwa 10 Minuten simmern lassen, bis die Sauce nochmals eindickt.

Die ungebackenen Biscuits auf der Füllung in der Pfanne verteilen und mit Milch bestreichen. 25 bis 30 Minuten im Ofen backen, bis die Biscuits goldbraun sind.

Pot Pie aus dem Ofen nehmen und vor dem Servieren etwas abkühlen lassen.

#lifehack
Am besten halten sich Kräuter wie Petersilie im Kühlschrank, wenn du sie in ein Glas Wasser stellst und lose mit einer Plastiktüte bedeckst. So bleiben sie lange frisch. Denk allerdings daran, täglich das Wasser zu wechseln.

Für die Pot-Pie-Pastete

450 g Hähnchenbrustfilet ohne Haut, in mundgerechte Stücke geschnitten

2 TL Gewürz- oder Kräutersalz

1 TL schwarzer Pfeffer, frisch gemahlen

1 EL Olivenöl extra vergine

75 g Butter

1 große Karotte, in Scheiben oder Würfel geschnitten

2 mittelgroße Selleriestangen, in kleine Stücke geschnitten

½ mittelgroße Zwiebel, abgezogen und gewürfelt *(siehe »Spar dir die Tränen« S. 86)*

340 g TK-Erbsen

1 EL frische Petersilie, gehackt *(siehe #lifehack unten)*

40 g Mehl

1 TL getrockneter Thymian

415 ml Hühnerbrühe

240 g Sahne oder 240 ml Milch

Salz

Die Jackfruchtfüllung schmeckt auch mega auf Tostadas oder auf Reis.
Abkürzung: gekaufte Mangosalsa statt selbst gemachter verwenden!

6 PORTIONEN

VEGAN

Haitianische Jackfrucht-Enchiladas

@onegreatvegan

Wenn Hochglanzfotos von Gabrielles veganen Gerichten nicht ausreichen, um dich zum Nachkochen sofort in die Küche zu katapultieren, dann wird es der eingängige Song, den sie für jedes Video kreiert, bestimmt tun. Die gigantischen Enchiladas sind von Gabrielles haitianischer und puerto-ricanischer Herkunft inspiriert und kommen mit einer Jackfruchtfüllung daher. Wenn sie noch unreif ist, hat die tropische Frucht eine fleischige Textur, die sie zum perfekten veganen Ersatzprodukt macht.

Für die Jackfruchtfüllung

240 ml vegane Hühner- oder Gemüsebrühe

1 gehäufter EL frische Petersilie, gehackt *(siehe #lifehack S. 101)*

1 gehäufter EL Tomatenmark

2 TL Limettensaft, frisch gepresst

2 TL frische Thymianblättchen

1½ TL Apfelessig

1 Knoblauchzehe, abgezogen und fein gehackt *(siehe #lifehack S. 22)*

1 TL Knoblauchpulver

1 TL Zwiebelpulver

1 TL Ahornsirup

½ gehäufter TL schwarzer Pfeffer, frisch gemahlen

½ TL gemahlene Kurkuma

½ TL getrockneter Oregano

½–1 TL Scotch-Bonnet-Chilischoten, fein gehackt

Salz (Gabrielle verwendet Himalaya-Salz)

1 EL + 1 TL vegane Butter

¼ kleine Gemüsezwiebel, abgezogen und in Scheiben geschnitten

Für die Jackfruchtfüllung: In einer mittelgroßen Schüssel Brühe, Petersilie, Tomatenmark, Limettensaft, Thymian, Essig, gehackten Knoblauch, Knoblauchpulver, Zwiebelpulver, Ahornsirup, schwarzen Pfeffer, Kurkuma, Oregano sowie Scotch-Bonnet-Chili verrühren und mit Salz würzen. Beiseitestellen.

Die Butter in einem großen Topf bei mittlerer bis hoher Temperatur zerlassen. Die Zwiebel hineingeben und in rund 3 Minuten in der Butter glasig dünsten. Die Jackfrucht hinzufügen und 3 bis 5 Minuten mitdünsten, bis Frucht und Zwiebel weich sind.

Die beiseitegestellte Sauce mit der Kartoffel und der Paprika in den Topf geben und alles gründlich verrühren. Die Mischung zum Köcheln bringen, anschließend die Hitze auf mittlere bis niedrige Temperatur reduzieren. Zugedeckt etwa 25 Minuten köcheln lassen, bis die Kartoffel gar ist. Ist zu wenig Flüssigkeit vorhanden, zwischendurch immer wieder etwas Gemüsebrühe angießen.

Den Backofen auf 220 °C vorheizen.

Fortsetzung (Zutaten & Rezept) ▶

Für die Enchiladas: Die Butter in einer großen Pfanne bei mittlerer bis hoher Temperatur zerlassen. Mit dem Chilipulver verrühren. Die Mischung mit 2 Esslöffel glutenfreiem Mehl glatt rühren; dabei dickt sie etwas ein. Passierte Tomaten, Kreuzkümmel, schwarzen Pfeffer, Knoblauchpulver und Zwiebelpulver unterrühren. Mit Salz würzen. Die Brühe unter Rühren dazugießen. Alles zum Köcheln bringen, anschließend die Hitze auf mittlere Temperatur reduzieren und die Mischung unter ständigem Rühren rund 5 Minuten weiterköcheln lassen, damit sich die Aromen verbinden können. Die Enchiladasauce mit Salz abschmecken und beiseitestellen.

In einer kleinen Schüssel das restliche glutenfreie Mehl mit 1 Esslöffel Wasser zu einer Paste verrühren. Falls nötig, teelöffelweise Wasser dazugeben, bis eine streichfähige Masse entstanden ist. Beiseitestellen. (Mit der Masse werden die Enchiladas später »versiegelt«.)

Eine kleine Pfanne bei mittlerer Temperatur erhitzen und die Tortillas nacheinander jeweils 30 Sekunden darin erwärmen. Anschließend auf ein Schneidbrett legen und auf der Seite, die dir am nächsten ist, mit jeweils 3 Esslöffel der Jackfruchtfüllung belegen. Jeweils 2 Esslöffel Mozzarella daraufgeben. Die Tortillas stramm aufrollen, dabei am Rand der gefüllten Seite beginnen. Die offenen Ende der Enchiladas mit der Mehlpaste verschließen.

120 Milliliter der Enchiladasauce auf dem Boden einer Auflaufform (ca. 24 × 36 cm) verteilen. Die Enchiladas mit der Nahtseite nach unten nebeneinander in die Form legen; das ergibt zwei Reihen à sechs Enchiladas. Die Enchiladas ruhig etwas aneinanderdrücken.

Die restliche Enchiladasauce daraufgeben und mit dem restlichen Mozzarella bestreuen. Die Hälfte der Petersilie sowie die Hälfte des Fetas ebenfalls daraufstreuen, den Rest aufbewahren. Die Enchiladas 18 bis 20 Minuten im Ofen überbacken, bis der Käse zerlaufen ist.

In der Zwischenzeit für die Mangosalsa: In einer mittelgroßen Schüssel Mangowürfel, Paprika, Frühlingszwiebelringe, Limettensaft, Öl, Scotch-Bonnet-Chili, geräuchertes Paprikapulver und schwarzen Pfeffer gründlich vermengen. Mit Salz würzen.

Die Enchiladas aus dem Ofen nehmen, mit der restlichen Petersilie sowie dem restlichen Feta bestreuen und heiß servieren. Die Mangosalsa dazu servieren.

»Sing deinen Song, tanz deinen Tanz, erheb deine Stimme und lass dir die Enchiladas schmecken!« — Gabrielle

2 Dosen junge Jackfrucht à 425 g, abgegossen und gehackt *(siehe »Schon gewusst?« gegenüber)*

½ mittelgroße festkochende Kartoffel, ungeschält und gewürfelt

½ kleine rote Paprikaschote, in feine Ringe geschnitten *(siehe #lifehack gegenüber)*

Für die Enchiladas

60 g vegane Butter

2 EL Chilipulver

35 g glutenfreies Mehl

425 g passierte Tomaten oder Tomatensauce

1½ TL gemahlener Kreuzkümmel

1 TL schwarzer Pfeffer, frisch gemahlen

¾ TL Knoblauchpulver

¾ TL Zwiebelpulver

Salz

180 ml vegane Hühner- oder Gemüsebrühe

12 Tortillas (15 cm Ø; Gabrielle verwendet glutenfreie Tortillas)

230 g geriebener veganer Mozzarella

10 g frische Petersilie, gehackt

38 g veganer Feta, zerkrümelt

Für die Mangosalsa

2 große Mangos, gewürfelt

1 mittelgroße grüne Paprikaschote, gewürfelt

10 g grüne Frühlingszwiebelringe *(siehe #lifehack S. 74)*

#lifehack
Wie bereitet man eine Mango in unter einer Minute zum Hacken vor? So: Ungefähr den Stein lokalisieren – er sitzt längs in der Mitte der Frucht – und das Fruchtfleisch so nah am Stein wie möglich abschneiden. Bei jeder Scheibe den Rand eines Trinkglases zwischen Schale und Fruchtfleisch schieben und die Schale in einem Rutsch ablösen.

#lifehack
Keine Lust auf lästiges Paprikakerneentfernen? Dann schneide den Stiel der Schote ab, leg die Schote mit dem unteren Ende nach oben auf ein Schneidbrett und schneide entlang der vier Furchen bis ganz nach unten. Schneide die vier Stücke vom oberen Ende ab – et voilà: vier Stücke Paprika ohne Kerne! Entsorge das Kerngehäuse und würfle nach Herzenslust drauflos.

2 EL Limettensaft, frisch gepresst

1 EL neutrales Öl (Gabrielle verwendet Traubenkernöl)

1½ TL–1 EL Scotch-Bonnet-Chilischoten, fein gehackt

¾ TL geräuchertes Paprikapulver

¼ TL schwarzer Pfeffer, frisch gemahlen

Salz

Schon gewusst?

Die »junge«, »grüne« oder »unreife« Jackfrucht, die du für dieses Rezept brauchst, findest du in Dosen im Asialaden oder manchmal auch im gut sortierten Supermarkt.

Unreif sollte die Frucht deshalb sein, weil sie dann eine auffällig fleischähnliche Textur aufweist; reif ist die Jackfrucht etwas ganz anderes (und köstlich Süßes!). Also: Aufgepasst, dass du auch die richtige Frucht erwischst.

Bekommst du gar keine Jackfrucht, schmecken frische Austernpilze in diesem Gericht ebenso gut.

2 WRAPS

Fish-and-Chips-Tortilla

@sheffara

Es war im Grunde Schicksal, als Ara entdeckte, dass das klassisch britische Fish and Chips aus vier Komponenten besteht und eine Tortilla in vier Segmente zum Belegen unterteilt werden kann (du kennst den Trend ja vermutlich!). Aber sein Rezept macht nicht nur Spaß – das Gericht schmeckt am Ende auch noch richtig gut. Der Fisch im Bierteig ist extraknusprig, die Pommes sind dank Aras ziemlich genialer Dämpftechnik megafluffig. Das Rezept ergibt zwei dick gefüllte Wraps, aber wer noch mehr Sauce tartare und minzig-pikante Erbsen zum Dazuessen braucht – nur zu!

Für den Fisch: In einer großen Schüssel 100 Gramm Mehl, Currypulver, geräuchertes Paprikapulver und Backpulver verrühren. Mit Salz und Pfeffer würzen. Langsam das Bier unterrühren – der Teig sollte dickflüssig, aber eben noch flüssig sein (falls nötig, noch etwas Bier dazugeben). Den Teig 30 Minuten kühl stellen.

Den Fisch mit Salz bestreuen und 30 Minuten bei Zimmertemperatur ruhen lassen (er lässt sich besser frittieren, wenn er nicht zu kalt ist). Anschließend mit Küchenpapier vollständig trocken tupfen. In einer flachen Schüssel das restliche Mehl mit 1 Prise Salz und etwas Pfeffer verrühren. Beiseitestellen.

In der Zwischenzeit für die Sauce tartare: In einer kleinen Schüssel die Mayonnaise mit Schalotte, Kapern, Petersilie, Gewürzgurken und Zitronensaft verrühren. Mit Salz sowie Pfeffer würzen und bis zur Weiterverwendung kühl stellen.

Für die Chips: Die Kartoffeln schälen und in etwa 1,3 Zentimeter dicke Stifte (also Pommes) schneiden. In einem großen Topf mit kaltem Wasser bedecken. Das Wasser zum Kochen bringen, anschließend die Hitze reduzieren und die Kartoffelstifte in 12 bis 15 Minuten gar köcheln. Vorsichtig in ein Sieb abgießen und in den Topf zurückgeben. Diesen mit einem sauberen Geschirrtuch bedecken und die Kartoffeln 10 Minuten ausdampfen lassen. Sollen sie danach nicht sofort frittiert werden, können sie auch für bis zu 1 Stunde ins Gefrierfach wandern.

Fortsetzung (Zutaten & Rezept) ▶

Für den Fisch

140 g Mehl *(siehe #lifehack S. 155)*

1 EL Currypulver

1 EL geräuchertes Paprikapulver

1 TL Backpulver

Salz

schwarzer Pfeffer, frisch gemahlen

175 ml kaltes helles Bier

2 Kabeljaufilets à 150 g; alternativ Seelachs oder Heilbutt

Für die Sauce tartare

150 g Mayonnaise

1 kleine Schalotte, abgezogen und fein gehackt

2 EL Kapern, gehackt

2 EL frische Petersilie, gehackt *(siehe #lifehack S. 101)*

2 EL Gewürzgurken, fein gehackt

1 EL Zitronensaft, frisch gepresst *(siehe #lifehack S. 155)*

Salz

schwarzer Pfeffer, frisch gemahlen

Für die Chips

2 große festkochende Kartoffeln

neutrales Pflanzenöl zum Frittieren

Die gekochten Kartoffeln ausdampfen lassen, so werden sie megafluffig.

Maris-Piper-Kartoffeln eignen sich für Fish and Chips einfach am besten.

Einen großen Topf mit schwerem Boden, z. B. einen Schmortopf, 7½ Zentimeter hoch mit Öl befüllen. Das Öl mithilfe eines Küchenthermometers auf 175 °C erhitzen. (Die Temperatur kann auch mit kleinen Teigtropfen geprüft werden: Steigen sie sofort an die Oberfläche, ist die Temperatur genau richtig.) Einen Ofenrost auf ein Backblech legen und den Backofen auf 60 °C vorheizen.

Den Fisch in der Mehlmischung wenden, überschüssiges Mehl leicht abklopfen. Den bemehlten Fisch anschließend in den kalten Teig tauchen, abtropfen lassen und vorsichtig ins heiße Öl geben. In rund 5 Minuten goldfarben und knusprig frittieren. Mit einer Zange herausnehmen und auf den Ofenrost legen. Im Ofen warm halten.

Das Öl wieder auf 175 °C erhitzen.

Nun vorsichtig die Kartoffelstifte in den Topf geben, diesen dabei aber nicht überfüllen, sonst werden die Pommes nicht knusprig. In rund 6 Minuten goldbraun frittieren. Mit einer Zange oder einem Schaumlöffel herausheben, ebenfalls auf den Ofenrost geben und zusammen mit dem Fisch im Ofen warm halten.

Während die Erbsen zubereitet werden, die Tortillas in Alufolie gewickelt im Ofen erwärmen.

Für die Erbsen: Das Olivenöl in einer kleinen Pfanne bei mittlerer bis hoher Temperatur erhitzen. Schalotte und Chili hineingeben und unter häufigem Rühren in etwa 1 Minute glasig dünsten. Knoblauch hinzufügen und rund 1 Minute mitdünsten, bis er zu duften beginnt. Erbsen, Minze und Butter in die Pfanne geben. Alles anbraten, bis die Butter bräunt, etwa 1 weitere Minute, dann den Malzessig angießen. Unter Rühren 1 Minute weiterbraten und mit Salz sowie Pfeffer würzen. Die Pfanne vom Herd nehmen. Die Erbsen mit einem großen Holzlöffel leicht zerdrücken.

Die warmen Tortillas auswickeln und jeweils von der Mitte aus vertikal bis ganz nach außen einschneiden. Die Tortillas im Geist in vier Segmente einteilen und die Segmente mit jeweils einer anderen Zutat belegen: erst ein Fischfilet, dann eine dünne Schicht Erbsen, die Hälfte der Chips und eine dünne Schicht Sauce tartare. Die Zutaten dabei so flach wie möglich auflegen, damit sich die Tortillas noch zusammenklappen lassen. Das Segment links vom Schlitz vorsichtig über das angrenzende schlagen und so fortfahren, bis nur noch ein Dreieck übrig ist. Sofort servieren.

Außerdem

2 große Weizentortillas (25 cm Ø)

Für die Erbsen

2 EL Olivenöl extra vergine

1 kleine Schalotte, abgezogen und fein gehackt

1 kleine frische rote Chilischote, fein gehackt

1 Knoblauchzehe, abgezogen und fein gehackt *(siehe #lifehack S. 22)*

100 g TK-Erbsen, aufgetaut

1 kleines Bund frische Minze, die Blätter abgezupft und fein gehackt

30 g kalte Butter

60 ml Malzessig

Salz

schwarzer Pfeffer, frisch gemahlen

Rippchen gibt's in den meisten Supermärkten sowie im Asialaden.

6 PORTIONEN

Marinierte Rippchen mit Guajillosalsa

@jerryyguerabide

Zu der Seite von #foodtok, über die nicht so viel geredet wird wie über die großen Trends oder die Hacks da draußen, gehören all die wahnsinnig talentierten Küchenchef*innen, die quasi Drei-Sterne-Food servieren. Jerry ist einer von ihnen, und das Rezept hier gilt als eines seiner besten. Den letzten Schliff bekommen die Rippchen mit der würzig-scharfen, selbst gemachten Sauce, einer Mischung aus Guajillochili- und süßer Barbecuesauce.

Für die Rippchen

- 1 Stiel Zitronengras
- 12 Schweinerippchen, ca. 1,8 kg
- 60 g Diamond Crystal Kosher Salt oder ein anderes Meer- oder Steinsalz *(siehe S. 13)*
- 30 g frischer Ingwer, geschält und gehackt
- 1 Knoblauchknolle, abgezogen und waagerecht halbiert + 8 Knoblauchzehen, abgezogen und fein gehackt
- 1 kleines Bund frischer Thymian
- ½ großes Bund frischer Koriander + 2 EL frische Korianderblätter, gehackt
- 3 getrocknete Guajillo-Chilischoten
- 65 g Tamarindenpaste *(siehe* »Schon gewusst?« *S. 112)*
- Salz
- schwarzer Pfeffer, frisch gemahlen

Für die Guajillosalsa

- 16 getrocknete Guajillo-Chilischoten, entstielt und entkernt
- 150 g dunkler brauner Zucker
- 3 EL Apfelessig
- 2 EL Tamarindenpaste
- 2 Knoblauchzehen, abgezogen

Für die Rippchen: Das Zitronengras mit der breiten Seite einer Messerklinge zerdrücken. Zusammen mit den Rippchen, dem Salz, dem Ingwer, der Knoblauchknolle, dem Thymian, den Korianderstängeln und 3,8 Liter Wasser in einen großen Topf geben. Zum Kochen bringen und anschließend die Hitze reduzieren, sodass die Mischung sanft köchelt. 30 Minuten ohne Deckel köcheln lassen. Die Rippchen mit einem Schaumlöffel oder einer Zange herausnehmen und auf einem Ofenrost über einem Backblech abkühlen lassen. 240 Milliliter Kochflüssigkeit abmessen und in eine große Schüssel gießen. Die abgekühlten Rippchen nach Belieben in kleinere Stücke schneiden.

Die getrockneten Chilischoten zur Kochflüssigkeit in die Schüssel geben und etwa 10 Minuten darin einweichen. Gehackten Knoblauch, gehackten Koriander und Tamarindenpaste hinzufügen und mit Salz sowie Pfeffer würzen. Gründlich verrühren und die abgekühlten Rippchen darin wenden. Die Rippchen anschließend 10 Minuten in der Mischung marinieren.

In der Zwischenzeit für die Guajillosalsa: 480 Milliliter kochendes Wasser in eine große, hitzebeständige Schüssel gießen und die getrockneten Chilischoten, den braunen Zucker, den Essig, die Tamarindenpaste sowie den Knoblauch dazugeben. Etwa 30 Minuten ziehen lassen, bis die Chilischoten gut durchweicht sind. Eventuelle Samen in der Tamarindenpaste entsorgen. Die Mischung in einen Mixer füllen und glatt mixen. (Wer keinen besonders leistungsstarken Mixer hat oder einfach nur auf Küchenchef machen will, streicht die Mischung wie Jerry nach dem Mixen noch durch ein feinmaschiges Sieb.)

Fortsetzung (Zutaten & Rezept) ▸

Für die Ofentomaten: Den Grill vorheizen. Tomaten, Olivenöl und Thymian in eine mittelgroße Schüssel geben, mit Salz würzen und vermengen. Die Mischung auf einem Backblech verteilen und etwa 4 Minuten im Ofen grillen, bis die Schale der Tomaten Blasen wirft und hier und da schwarze Stellen aufweist.

Einen großen Topf mit schwerem Boden 7½ Zentimeter hoch mit neutralem Pflanzenöl befüllen. Das Öl mithilfe eines Küchenthermometers auf 175 °C erhitzen. Auf einer großen Platte (bzw. einem Backblech) Küchenpapier ausbreiten.

Die Rippchen aus der Marinade nehmen, überschüssige Marinade abtropfen lassen und die Rippchen in eine große Schüssel legen. Mit Mehl bestäuben und leicht darin wenden.

Die Rippchen portionsweise (damit sie auch schön knusprig werden) in dem heißen Öl in 3 bis 5 Minuten goldbraun frittieren. Auf dem vorbereiteten Küchenpapier abtropfen lassen. Das Öl zwischendurch immer wieder auf 175 °C erhitzen.

Die fertigen Rippchen in eine große Schüssel geben, rund die Hälfte der Guajillosalsa dazugeben und die Rippchen darin wenden. Nach Belieben mehr Salsa hinzufügen. Die Rippchen heiß mit den Ofentomaten und nach Belieben mit gehacktem Koriander garniert servieren. Die restliche Salsa dazu servieren.

Für die Ofentomaten

300 g Kirschtomaten

1 EL Olivenöl extra vergine

1 TL frische Thymianblättchen

Salz

Außerdem

neutrales Pflanzenöl

Mehl

frischer Koriander, gehackt, zum Garnieren (optional)

Schon gewusst?

Süß-säuerliche Tamarindenpaste peppt alle Gerichte auf, in die sie kommt. Allerdings passt nicht jedes Tamarinden-Produkt zu jedem Rezept. Es gibt neben Tamarindenpaste nämlich auch Tamarindenmark, Tamarindenkonzentrat, Tamarindenpüree … na gut, du weißt, was wir meinen.

In diesem Rezept verwendet Jerry die Paste. Normalerweise muss die in heißem Wasser eingeweicht werden, damit anschließend alle festen Bestandteile abgeseiht werden können, doch Profi, der er ist, integriert Jerry das in seine Zubereitung. Also: Vor dem Mixen alle festen Bestandteile herausfischen.

2–3 PORTIONEN

Reverse-Seared Steak

@chucksflavortrain

1 Steak, 4 cm dick, z. B. Rib Eye, NY Strip, Porterhouse oder Tri-Tip

Salz (Chuck verwendet Meer- oder Steinsalz)

schwarzer Pfeffer, frisch gemahlen

Knoblauchpulver oder ein Steakgewürz nach Wahl

30 g Butter, zerlassen bei Zubereitung im Smoker oder Grill, kalt bei Zubereitung in der Pfanne

1 EL neutrales Öl (Chuck verwendet Traubenkernöl) bei Zubereitung in der Pfanne

Der »Boss of Butter« ist hinabgestiegen, um euch zu Meister*innen der Steakzubereitung zu machen. Das beginnt schon beim Zuschnitt des Fleischs: Es sollte mindestens 4 Zentimeter dick sein. Etwas dicker ist erlaubt, dünner geht gar nicht, denn dann wird das Steak trocken, so Chuck. Seine Technik funktioniert nicht nur bei Räucherfans mit einem Smoker oder Grill, sondern auch in jedem herkömmlichen Ofen. Gar das Fleisch langsam und bei niedriger Temperatur und lass es nach der ersten Garrunde etwas ruhen, damit du es direkt nach dem Searing in all seiner gebräunten, buttrigen Köstlichkeit genießen kannst. Apropos Searing: Bei der Reverse-Sear-Grilltechnik wird das Steak »rückwärts gegrillt« – also zunächst bei niedriger Temperatur vorgegart und dann noch einmal scharf gebraten. Das ergibt ein besonders zartes und saftiges Steak!

Den Smoker, Gasgrill oder Backofen auf 110 °C vorheizen. Beim Gasgrill die Einstellung indirektes Grillen wählen. Für die Zubereitung im Backofen ein Backblech mit Alufolie belegen und einen Ofenrost auf das Blech legen.

Das Steak großzügig mit Salz, Pfeffer und Knoblauchpulver würzen. Auf die kühle Seite des Gasgrills, auf das vorbereitete Backblech oder direkt auf den Rost des Smokers legen.

20 Minuten garen, anschließend die Temperatur des Fleischs prüfen. Das Steak vom Gasgrill, aus dem Smoker oder aus dem Ofen nehmen, wenn ein in der Mitte hineingestecktes Fleischthermometer 43 °C (rare), 49 °C (medium-rare) oder 55 °C (medium-well done) anzeigt. (Fertig gegart wird das Fleisch beim Grillen oder Braten.) Das Steak auf einen Teller legen und lose mit Alufolie bedecken. 10 Minuten ruhen lassen.

Beim Smoker oder Grill die höchste Hitzestufe wählen. (Wird der Smoker nicht so heiß, eignet sich die Zubereitung in der Pfanne besser.) Das Steak bei direkter Hitze 30 bis 60 Sekunden pro Seite grillen, dabei konstant mit zerlassener Butter bestreichen.

Für die Zubereitung in der Pfanne eine große gusseiserne Pfanne auf höchster Stufe erhitzen und das Öl hineingeben. Steak und kalte Butter hinzufügen und das Fleisch 30 bis 60 Sekunden pro Seite braten. Dabei ebenfalls konstant mit Butter beträufeln.

Quer zur Faser in Scheiben schneiden und sofort servieren.

Maximal 60 Sekunden
pro Seite braten reicht,
sonst wird das Steak
zu trocken!

Steak: irgendwie eine große Sache

Hast du **#steak TikTok** schon für dich entdeckt? Dort siehst du so viele wundervolle Marmorierungen, dass du dich fragen wirst, ob du in einem Museum gelandet bist. Die Trendfarbe dort ist ein dunkles, glänzendes Braun, man diskutiert über die Vorzüge von Tri-Tip, Porterhouse, Rib Eye & Co., und hin und wieder guckt auch ein Special Guest wie Salt Bae – ja, den gibt's immer noch – oder der König von #foodtok, Gordon Ramsay, vorbei. Das klingt wie das Paradies? Dann lies weiter: Hier erfährst du alles, was du wissen musst, wenn du bei #steak TikTok mitreden willst.

Das Fleisch

Wagyu: Dieses extrem marmorierte japanische Rindfleisch mit seiner Zartheit und seinem buttrigen Geschmack sorgt für Steakperfektion. A5 ist die höchste Qualitätsstufe, und wer sich einmal durch #wagyu TikTok scrollt, wird von Marmorierungen träumen – und fieberhaft nachrechnen, wie er sich ein 300-Euro-Steak leisten kann.

Top-Zubereitungsmethoden

Reverse Sear: Diese Methode erfreut sich treuer Fans, die schwören, sie sei die einzig richtige Art, ein Steak so zuzubereiten, dass es außen braun und knusprig und innen zart und saftig ist. Wie sie funktioniert, verrät dir @chucksflavortrain in seinem Rezept auf Seite 114.

In Öl pochiert: Bei der dekadenten Technik glauben viele, sich verhört zu haben: »Das Steak in Öl GAREN?« Der Vorteil dabei, so seine Fans, ist allerdings, dass mit dieser Methode ein gutes Steak wie ein A5-Wagyu-Steak (siehe oben) schmecken kann. Im Kern funktioniert sie so: Das Steak in eine nicht zu große Auflaufform legen – um möglichst wenig Öl verwenden zu müssen – und mit Olivenöl extra vergine bedecken. Ein wenig Knoblauch und ein paar Kräuter hinzufügen und das Fleisch anschließend bei niedriger Temperatur langsam im Ofen garen, bis es fast fertig ist. Den letzten Schliff bekommt es dann beim sehr kurzen Braten in der sehr heißen Pfanne.

Die Ausstattung

Fleischthermometer: Die Profis können mit dem Finger testen, wie weit das Fleisch ist, wir Sterblichen aber brauchen dafür ein Fleischthermometer. Die Kerntemperatur des Fleischs verrät genau, ob es so ist, wie du es gern magst, wobei der Spielraum der einzelnen Garstufen meist nur 5 °C beträgt.

- **Rare:** 49–52 °C
- **Medium-rare:** 52–57 °C
- **Medium:** 57–63 °C
- **Medium-well done:** 63–68 °C
- **Well done:** (das kannst du vergessen)

Gusseiserne Pfanne: Um dem wunderbaren Steak zum Schluss noch so schnell wie möglich eine braune und knusprige Kruste zu verpassen (insbesondere bei der Reverse-Sear-Methode), brauchst du eine heiße Pfanne. Eine sehr heiße Pfanne. Gusseiserne Pfannen erhitzen sich langsam; wenn sie aber einmal heiß sind, bleiben sie es auch, und so braucht das Fleisch darin nur etwa 30 Sekunden pro Seite, um eine Kruste zu bekommen, die jede Nahaufnahme wert ist.

Wer keinen
Mexikanischen
Oregano bekommt,
nimmt anderen
Oregano.

8 PORTIONEN

Querrippen-Birria-Wraps »super crunk«

@hwoo.lee

Birria, scharfes, geschmortes Rind- oder Ziegenfleisch, soll seinen Ursprung im mexikanischen Bundesstaat Jalisco haben und erstmals in Tijuana als Tacofüllung verwendet worden sein. Profikoch h woo treibt den Birria-Trend noch weiter und kreiert daraus Wraps, gefüllt mit Querrippenfleisch vom Rind, eingelegten Zwiebeln, knusprigen Tostadas und … Okay, hör hier einfach auf zu lesen und bereite die Wraps selbst zu. Wer Zeit sparen möchte, verwendet gekaufte Weizentortillas, und natürlich kannst du auch nur die Birria zubereiten und sie mit der Brühe, gehacktem frischem Koriander und karamellisierten Zwiebeln servieren.

Für die Querrippen-Birria: Die Chilischoten in einer kleinen Pfanne unter häufigem Wenden mit der Zange bei mittlerer bis hoher Temperatur 2 bis 3 Minuten anrösten, bis sie zu duften beginnen, aber noch keine schwarzen Stellen bekommen. In eine ofenfeste, mittelgroße Schüssel geben und mit kochendem Wasser bedecken. 30 Minuten darin einweichen. Abgießen und in den Mixer geben.

Die Querrippe rundum mit Salz und Pfeffer würzen. Das Öl in einer großen Pfanne bei mittlerer bis hoher Temperatur erhitzen und das Fleisch in etwa 1 Minute pro Seite goldbraun darin braten. In einen großen Schmor- oder anderen ofenfesten Topf geben. Die Pfanne nicht säubern.

Die Pfanne bei mittlerer bis hoher Temperatur erneut erhitzen und Tomaten, Zwiebel sowie Knoblauch 4 bis 5 Minuten darin braten. Dabei mit einem Pfannenwender den Bratensatz vom Pfannenboden lösen. Das Gemüse zu den Chilischoten in den Mixer geben.

Fortsetzung (Zutaten & Rezept) ▶

Für die Querrippen-Birria

- 5 getrocknete Anaheim-Chilischoten, entstielt und entkernt
- 1,4 kg Querrippe vom Rind
- Salz (h woo verwendet feines Meersalz)
- schwarzer Pfeffer, frisch gemahlen
- 1 EL neutrales Pflanzenöl
- 5 mittelgroße Pflaumentomaten, geviertelt
- 1 kleine Gemüsezwiebel, abgezogen und geviertelt
- 4 Knoblauchzehen, abgezogen
- 12 schwarze Pfefferkörner
- 5 ganze Nelken
- ½ TL Kreuzkümmelsamen
- 120 ml destillierter weißer Essig
- 2½ cm frischer Ingwer, geschält
- 1 Zimtstange, vorzugsweise Mexikanischer Zimt
- 1 EL Achiote-Paste *(siehe »Schon gewusst?« S. 121)*
- 1 TL getrockneter Oregano, vorzugsweise Mexikanischer Oregano
- ½ TL getrockneter Majoran
- 960 ml Hühner- oder Rinderfond

In einer kleinen Pfanne Pfefferkörner, Nelken und Kreuzkümmelsamen bei mittlerer bis hoher Temperatur unter häufigem Rühren 1 bis 2 Minuten anrösten, bis die Gewürze zu duften beginnen. Anschließend ebenfalls in den Mixer geben.

Essig, Ingwer, Zimt, Achiote-Paste, Oregano sowie Majoran hinzufügen und alles auf höchster Stufe glatt mixen. Das Püree über das Fleisch im Schmortopf gießen, das Fleisch darin wenden und anschließend zugedeckt mindestens 4 Stunden, am besten aber über Nacht im Kühlschrank ziehen lassen.

Den Backofen auf 175 °C vorheizen.

Den Schmortopf mit dem Fleisch in den Ofen stellen (auch gern direkt aus dem Kühlschrank) und das Fleisch zugedeckt 3 bis 4 Stunden schmoren lassen, bis das Püree eindickt. Nach etwa 2½ Stunden das erste Mal nachsehen, wie weit das Fleisch ist.

Für die Brühe den Schmortopf aus dem Ofen nehmen, auf den Herd stellen und bei niedriger Temperatur erhitzen. So viel Fond angießen, dass das Fleisch vollständig bedeckt ist, dabei bleibt vielleicht etwas Fond übrig. Ohne Deckel unter gelegentlichem Rühren 30 Minuten köcheln lassen, damit sich die Aromen verbinden können. Das Fleisch wird ein wenig Fond aufsaugen, manchmal sogar bis zur Hälfte des Fonds, aber das ist völlig in Ordnung!

Das Fleisch zerrupfen und entweder mit dem Rezept fortfahren oder das Fleisch mit der Brühe im Topf abkühlen lassen und anschließend in einen luftdicht verschließbaren Behälter geben. Im Kühlschrank hält es sich so bis zu 4 Tage und lässt sich portionsweise aufwärmen.

Für die Zwiebeln: Die Zwiebelscheiben in eine große, ofenfeste Schüssel geben. In einem mittelgroßen Topf Apfelessig, weißen Essig, Hibiskusblüten, Honig, Salz, Chiliflocken und 960 Milliliter Wasser verrühren. Die Mischung bei hoher Temperatur zum Kochen bringen, dann den Topf vom Herd nehmen. Die Mischung durch ein feinmaschiges Sieb über die Zwiebeln gießen, die festen Bestandteile entsorgen. Alles auf Zimmertemperatur abkühlen lassen. Sollten die Zwiebeln nicht sofort verzehrt werden, halten sie sich in einem luftdicht verschlossenen Behälter im Kühlschrank bis zu 2 Wochen.

Für die Weizentortillas: In einer großen Schüssel Mehl, Schweineschmalz, Salz und Backpulver zu groben Krümeln vermischen. 160 Milliliter warmes Wasser dazugießen und alles etwa 1 Minute kneten, bis sich eine Kugel bildet. Diese in 8 gleich große Portionen teilen, einzeln in Klarsichtfolie wickeln und so in die Schüssel legen, dass sie einander nicht berühren. Zugedeckt 20 Minuten ruhen lassen.

Die Arbeitsfläche leicht mit Mehl bestäuben und die Teigkugeln mit dem Nudelholz nacheinander zu 6 Millimeter dicken Kreisen (ca. 23 cm Ø) ausrollen. Bei Bedarf auch den Teig mit Mehl bestäuben.

Für die Zwiebeln

1 große rote Zwiebel, abgezogen und in feine Scheiben geschnitten *(siehe »Spar dir die Tränen« S. 86)*

120 ml Apfelessig

120 ml destillierter weißer Essig

8 g getrocknete Hibiskusblüten (optional)

3 EL Honig

3 EL feines Meersalz

¼ TL Chiliflocken

Für die Weizentortillas

280 g Mehl *(siehe #lifehack S. 155)* + etwas mehr für die Arbeitsfläche

45 g Schweineschmalz

1 TL feines Meersalz

½ TL Backpulver

Eine große Pfanne bei mittlerer bis hoher Temperatur erhitzen und die Tortillas in rund 45 Sekunden pro Seite nacheinander darin ausbacken – sie dürfen ruhig hier und da braune Stellen haben. Die fertigen Tortillas mit einem Geschirrtuch bedecken, damit sie nicht austrocknen.

Für die Wraps: 1 Tortilla auf eine ebene Oberfläche legen. In die mittleren 10 Zentimeter der Tortilla etwa 75 Gramm zerrupfte Birria geben und mit 25 Gramm Queso Oaxaca, 1 Tostada, 2 Esslöffel Crème fraîche, 8 Gramm Romanasalatstreifen, einigen Tomatenwürfeln, eingelegten Zwiebeln und gehacktem Koriander belegen. Die Ränder über die Füllung schlagen, sodass ein Paket entsteht. Mit den restlichen Zutaten ebenso verfahren.

Eine große Pfanne bei mittlerer Temperatur erhitzen und 1 Wrap mit der offenen Seite nach unten hineinlegen. In 1 bis 2 Minuten goldbraun braten. Wenden und auch auf der anderen Seite braten. Den Wrap auf eine Servierplatte gleiten lassen und mit den restlichen Wraps ebenso verfahren.

Mit Limettenspalten garnieren und servieren. Die aufgewärmte Birria-Brühe zum Dippen dazu servieren.

Schon gewusst?

Authentisch wird der Birria-Geschmack erst mit echter Achiote-Paste.

Unter Achiote-Paste versteht man eine feste Gewürzmischung, deren Hauptbestandteil Annattosamen, auch bekannt als Achiote, sind. Diesen verdankt die Paste ihre knallige rotorange Farbe. Je nach Marke, Koch oder Region enthält die Paste auch Knoblauch, Chili und Orangenschale oder Bitterorangensaft.

Achiote-Paste findest du im Supermarkt bei anderen mexikanischen Produkten oder online.

Für die Wraps

200 g Queso Oaxaca, in dünne Scheiben geschnitten

8 frittierte Tostadas (ca. 15 cm Ø)

240 g Crème fraîche

65 g Romanasalat, in feine Streifen geschnitten

3 mittelgroße Pflaumentomaten, gewürfelt

frischer Koriander, gehackt *(siehe #lifehack S. 101)*

Limettenspalten zum Garnieren

Birria-Brühe, erwärmt (optional)

Frischer
gegrillter Mais
mit Jalapeños
(Seite 128)

Iss deine Veggies

Diese Käse-
fäden – herrlich!

UNTER 30 MINUTEN

2 PORTIONEN

425 g Mais aus der Dose, abgegossen und abgespült

2 EL Mayonnaise

1½ TL Zucker

Salz

schwarzer Pfeffer, frisch gemahlen

15 g Butter

60 g geriebener Mozzarella

Koreanischer Käsemais

@chefchrischo

Küchenchef Cho, bekannt für seine unterhaltsamen Videos und leicht nachzukochenden koreanischen Gerichte, ließ sich für diese Version des Comfort-Food-Klassikers von seinen Kindheitserinnerungen inspirieren. Sie ist so einfach, dass man sie jederzeit auf den Tisch zaubern kann, auch mitten in der Nacht (du weißt schon ...).

Mais, Mayonnaise und Zucker in einer mittelgroßen Schüssel vermengen und mit Salz sowie Pfeffer würzen.

Eine kleine beschichtete Pfanne bei hoher Temperatur erhitzen. Die Butter und die Maismischung hineingeben und 1 bis 2 Minuten braten, bis der Mais zu brutzeln beginnt.

Den Mais gleichmäßig mit dem Mozzarella bestreuen, anschließend den Deckel auf die Pfanne legen und den Käse in 1 bis 2 Minuten schmelzen lassen. Die Pfanne auf den Tisch stellen und den Käsemais sofort genießen.

Sei ein Lover, kein Hater.
Dämpfen, trocknen, zerdrücken, knusprig rösten – fertig!

2–4 PORTIONEN

VEGAN

Süß-scharfer Rosenkohl

@ballehurns

Rosenkohl zeigt sich von seiner Nicht-von-dieser-Welt-Seite, wenn er bei hoher Temperatur karamellisiert wird. Halles Version hat alles, was man sich von einer Veggie-Beilage nur wünschen kann: Sie ist voller scharf-süßer Aromen, die zu einer Unmenge unterschiedlicher Gerichte passen, außerdem kommt die Beilage in puncto Zutaten mit den Basics im Vorratsschrank aus. Achte lediglich darauf, den Rosenkohl nicht totzugaren und ihn vor dem Rösten gründlich trocken zu tupfen. Denn eins mag guter, knuspriger Rosenkohl gar nicht: Feuchtigkeit.

225 g Rosenkohl, geputzt, aber ganz gelassen

60 ml Olivenöl extra vergine

1 EL Ahornsirup

1 EL Sojasauce

1 EL Sriracha-Sauce

1 Knoblauchzehe, abgezogen und gehackt *(siehe #lifehack S. 22)*

½ TL Zwiebelpulver

½ TL schwarzer Pfeffer, frisch gemahlen

Salz (Halle verwendet grobes Salz)

Den Backofen auf 230 °C vorheizen und ein Backblech mit Backpapier belegen.

Eine große Schüssel mit Eiswasser füllen. Einen Dämpfkorb oder ein hitzebeständiges Sieb in einen Topf stellen, in den er oder es sicher passt und bei dem der Topf beim Garen noch zugedeckt werden kann. (Lies dir alternativ den #lifehack auf Seite 80 durch.) Den Topf so hoch mit Wasser füllen, dass dieses bis knapp unterhalb des Dämpfkorbs oder Siebs reicht.

Das Wasser zum Köcheln bringen. Den Rosenkohl in den Dämpfkorb oder das Sieb geben und zugedeckt 15 bis 20 Minuten dämpfen. (Hin und wieder nachsehen, ob noch ausreichend Wasser im Topf ist.)

Den Rosenkohl ins Eisbad geben und abkühlen lassen. Anschließend abgießen und mit einem Geschirrtuch gründlich trocken tupfen.

Olivenöl, Ahornsirup, Sojasauce, Sriracha-Sauce, Knoblauch, Zwiebelpulver und Pfeffer in einer mittelgroßen Schüssel verrühren und mit Salz würzen. Den Rosenkohl darin wenden und anschließend mit einer Zange auf das vorbereitete Backblech legen. Die Sauce aufbewahren. Den Rosenkohl mit der Unterseite einer robusten Tasse zerdrücken, bis jedes Röschen etwa 1,3 Zentimeter flach ist. So auf dem Backblech verteilen, dass sich die Röschen nicht berühren.

Den Rosenkohl 15 bis 20 Minuten im Ofen rösten, bis er knusprig ist und die Sauce karamellisiert. Auf einer großen Platte anrichten, mit der aufbewahrten Sauce beträufeln und servieren.

UNTER 30 MINUTEN

4–6 PORTIONEN

Frischer gegrillter Mais mit Jalapeños

@cookingwithshereen

Shereen ist bekannt dafür, dass bei ihr nichts aus der Dose kommt, und das gilt auch für Mais bei dieser schnellen Beilage, die man im Sommer am liebsten jeden Tag zubereiten würde. Und warum schmeckt sie so gut? Weil a) der Mais eben frisch ist, b) die Jalapeños scharf sind (nicht die Kerne rauskratzen!) und c) die Crema nun mal kein Light-Produkt ist. Wer keine Crema hat, ersetzt sie durch Mascarpone oder Crème fraîche. Nur Sauerrahm eignet sich nicht – der würde die Sauce ruinieren.

- 6 Maiskolben, entblättert
- neutrales Pflanzenöl (Shereen verwendet Avocadoöl)
- 85 g Butter
- 2 kleine Jalapeño-Chilischoten, 1 fein gehackt, 1 quer in feine Ringe geschnitten (oder 1 große Schote, die Hälfte gehackt, die andere Hälfte in feine Ringe geschnitten)
- ½ TL schwarzer Pfeffer, frisch gemahlen
- Salz (Shereen verwendet Meer- oder Steinsalz)
- 80 g mexikanische Crema bzw. Mascarpone oder Crème fraîche
- 10 g frischer Koriander, gehackt *(siehe #lifehack S. 101)* + etwas mehr zum Bestreuen
- 1 Limette, in Spalten geschnitten, zum Garnieren

Den Gasgrill auf mittlerer Stufe vorheizen. Den Mais gleichmäßig mit einer dünnen Schicht Öl bestreichen und bei geschlossenem Deckel etwa 8 Minuten grillen, dabei gelegentlich wenden. Sollte der Mais zu dunkel werden, die Hitze reduzieren.

Den Mais auf ein Backblech legen und etwas abkühlen lassen. Anschließend die Körner vom Kolben lösen. (Shereens Profitipp: Ein kleines, gefaltetes Geschirrtuch auf das Backblech legen und den Maiskolben senkrecht daraufstellen, damit er beim Lösen der Körner nicht wegrutscht. Die Körner von oben nach unten abschneiden und den Maiskolben dabei immer ein Stück weiter drehen.)

Die Butter in einer großen Pfanne bei mittlerer Temperatur zerlassen. Die gehackte Jalapeño-Chilischote hineingeben und in etwa 1 Minute in der Butter weich dünsten. Die Hitze auf mittlere bis niedrige Temperatur reduzieren und die Maiskörner unterrühren. Mit dem Pfeffer und etwas Salz würzen und alles 1 bis 2 Minuten unter gelegentlichem Rühren weiterdünsten, bis der Mais warm ist.

Die Hitze auf niedrige Temperatur reduzieren und Crema (bzw. Mascarpone oder Crème fraîche) unter ständigem Rühren 30 Sekunden lang mit der Chili-Mais-Mischung vermengen. Die Pfanne vom Herd nehmen, damit die Sauce glatt bleibt und nicht gerinnt, und noch etwas weiterrühren.

Den Koriander unterrühren und die Mischung in eine Servierschüssel füllen. Mit den Jalapeño-Ringen, weiterem Koriander und Limettenspalten garniert servieren.

»Weil du
es wert
bist!«
Wenn der Mais
beim Grillen
poppt – keine
Sorge: Das
tut er halt!

UNTER
30 MINUTEN

4 PORTIONEN

Handzerpflückter Kohl mit Bacon

@cookingbomb

Bei dieser Version eines klassischen Szechuan-Gerichts trifft eine scharfe, säuerliche und leicht süße Sauce auf rauchigen Bacon. Traditionellerweise wird es mit gehacktem frischem Schweinebauch zubereitet, doch als Vivian Aronson in die Vereinigten Staaten zog, war Bacon einfach leichter zu bekommen, und so passte sie das Rezept entsprechend an. Taiwanesischer Flachkohl ist, wie der Name schon sagt, eine flache, große Kohlsorte mit lockeren Blättern, die sich leicht zerrupfen lassen (der Teil des Rezepts, der am meisten Spaß macht).

Für die Sauce

2 EL Sojasauce

1 EL schwarzer Reisessig *(siehe »Schon gewusst?« S. 58)*

1 TL Speisestärke

1 TL Zucker

Salz

Für den Kohl

450 g taiwanesischer Flachkohl, ca. ½ mittelgroßer Kopf, oder ein anderer Kohl

140 g Baconscheiben, in 2½ cm große Stücke geschnitten

6 kleine getrocknete Szechuan-Chilischoten *(siehe S. 132)*

½ TL rote Szechuan-Pfefferkörner *(siehe S. 132)*

5 Knoblauchzehen, abgezogen und leicht zerdrückt *(siehe #lifehack S. 22)*

Für die Sauce: Sojasauce, Reisessig, Stärke und Zucker in einer kleinen Schüssel mit 1 Esslöffel Wasser verrühren. Mit Salz würzen.

Für den Kohl: Den Kohl in Blätter trennen und diese in etwa 7½ Zentimeter große quadratische Stücke zupfen (es ist auch völlig in Ordnung, wenn einige Stücke etwas kleiner sind). Der Kohl sollte absolut trocken sein, damit er in der Pfanne nicht spritzt.

Einen großen Wok bei mittlerer Temperatur erhitzen und 60 Milliliter Wasser sowie den Bacon hineingeben. Den Bacon in 4 bis 6 Minuten knusprig garen, dabei falls nötig die Hitze etwas reduzieren. Den Bacon mit einem Schaumlöffel herausheben und auf einen Teller geben. Das ausgelassene Fett im Wok lassen.

Die Hitze auf mittlere bis hohe Temperatur erhöhen. Sobald das ausgelassene Fett zu rauchen beginnt, die Chilischoten und die Pfefferkörner in den Wok geben. Unter Rühren etwa 20 Sekunden braten, den Knoblauch hinzufügen und auch diesen einige Sekunden unter Rühren braten, bis er zu duften beginnt.

Den Kohl dazugeben und unter Rühren rund 3 Minuten mitbraten, bis er leicht zusammenfällt, aber noch Biss hat. Die Sauce angießen, den Bacon wieder in den Wok geben und alles etwa 20 Sekunden weiterbraten. In eine Schüssel füllen und sofort servieren.

Statt Wok: eine große gusseiserne Pfanne.
Wir haben Chinakohl verwendet, am besten aber eignet sich eine Flachkohlsorte.

Tipps für den Vorratsschrank von *The Woks of Life*

@thewoksoflife

Du willst Kohl nur noch wie auf Seite 130 zubereitet essen? So geht es uns auch. Und wer ein paar essenzielle chinesische Zutaten immer zu Hause hat, kann ungeheuer viel damit machen. Die Infos dazu haben wir von *The Woks of Life*, einer megatalentierten Familie von Köchinnen und Köchen.

1. Sojasauce (hell & dunkel)

Am häufigsten verwenden wir eine helle chinesische Sojasauce. Gute Sojasauce wird immer natürlich gebraut und besteht aus Wasser, Sojabohnen, Weizenmehl und Salz. Die dunkle ist dickflüssiger und geschmacklich intensiver als die helle – hier kann schon ein kleiner Löffelvoll die Farbe des Gerichts verändern.

2. Geröstetes Sesamöl

Sesamöl hat einen aromatischen, nussigen Geschmack und durch die gerösteten Sesamsamen eine intensive dunkle Farbe. Man verwendet es eher als Würzöl als zum Braten, und eine kleine Menge reicht schon aus.

3. Shaoxing-Reiswein

Er ist beim Kochen unser geheimes MVP. Am häufigsten erhältlich (und bezahlbarsten) ist die gesalzene Version.

4. Austernsauce

Unser Großvater (Bills Vater), ein berühmter chinesischer Koch, hat immer gesagt: »Ein Schuss Austernsauce hilft jedem Gericht auf die Sprünge.« Warum das so ist? Weil Austernsauce das Aroma verstärkt, ohne auch nur im Geringsten nach Fisch zu schmecken.

5. Gemahlener weißer Pfeffer

Weißer Pfeffer ist übrigens nichts anderes als schwarzer Pfeffer ohne äußere Schale! Seine Schärfe ist milder, er wärmt eher, als dass er brennt.

6. Getrocknete Szechuan-Chilischoten

Sie sind einfach unersetzlich. Punkt. Szechuan-Chilischoten sind leuchtend rot, moderat scharf und hocharomatisch. Unsere Lieblingssorten: Facing Heaven, Bullet Head und Er Jing Tiao.

7. Rote Szechuan-Pfefferkörner

Sie sorgen für den typischen »Mala«-Geschmack, der mit »betäubend scharf« übersetzt werden könnte. In kleinen Mengen jedoch betäuben sie nicht, sondern liefern nur extraviel Aroma.

8. Knoblauch, Ingwer, Frühlingszwiebeln

Sie bilden die heilige Dreifaltigkeit der chinesischen Küche. Ob gegart, roh oder irgendwo dazwischen – also kurz in heißem Öl geschwenkt: Sie sorgen immer für eine unglaubliche Bandbreite an Geschmack und Textur, und zwar allein ebenso wie als Team.

6 PORTIONEN

Das beste Kartoffelpüree ever

@cookingwithshereen

Hast du dich auch schon mal gefragt, warum Kartoffelpüree im Restaurant immer so verdammt gut schmeckt? Wir sagen es dir: weil so viel Butter drin ist. Eine Sonntagsmenge an Butter. Aber manchmal braucht man auch unter der Woche einen ganzen Teller voller leckerer Kohlenhydrate, und dann tut es einfacher Kartoffelbrei nicht, dann muss das beste Kartoffelpüree ever her. Profiköchin Shereen sagt, eine gute Profi-(und auch Amateur-)köchin erkennt man an der besonders fluffigen Konsistenz ihres Kartoffelpürees. Also: Lass dich von ihr an die Hand nehmen und dir zeigen, wie's geht.

1,4 kg mehlige Kartoffeln, geschält und in 2½ cm große Stücke geschnitten

Salz (Shereen verwendet Meer- oder Steinsalz)

170 g zimmerwarme Butter *(siehe #lifehack S. 148)* + etwas mehr zum Servieren

120 g Sahne

Schnittlauchröllchen zum Garnieren

Die Kartoffeln in einen großen Topf legen und mit kaltem Wasser bedecken. Großzügig Salz dazugeben und das Wasser bei hoher Temperatur zum Kochen bringen.

Die Kartoffeln in 10 bis 12 Minuten gar kochen. Abgießen und sofort wieder in den Topf geben. Diesen vom Herd nehmen und die Kartoffeln ohne Deckel 5 Minuten ausdampfen lassen. (Diesen Schritt nicht auslassen, sonst wird das Kartoffelpüree matschig, nicht fluffig!)

In der Zwischenzeit die Butter in einem kleinen Topf bei mittlerer bis niedriger Temperatur zerlassen, dabei ständig den Topf schwenken. Die Sahne hineingießen und unter Rühren 1 bis 2 Minuten erwärmen, sie sollte dabei nicht kocheln. Den Topf vom Herd nehmen.

Die Kartoffeln mit einer Kartoffelpresse portionsweise in eine große Schüssel pressen. Die Butter-Sahne-Mischung dazugießen und so lange verrühren, bis die Kartoffeln Butter und Sahne aufgesogen haben. Am Ende sollte ein dickes, seidig-glattes, fluffiges Püree ohne Klümpchen entstanden sein. Mit Salz würzen.

Das Kartoffelpüree in eine Servierschüssel füllen und einige Butterflöckchen zum Schmelzen daraufgeben. Mit Schnittlauchröllchen garniert sofort servieren.

Lassen sich die Kochbananen nach dem ersten Frittieren nicht flach drücken, müssen sie länger garen.

UNTER 30 MINUTEN

4 PORTIONEN

VEGAN

Perfekte Tostones

@cheflorena

Außen salzig und knusprig, innen zart und saftig – diese grünen Kochbananen sind frittierte Exzellenz pur. Für das Wissen, wie man diese Köstlichkeiten auf den Tisch zaubert, kannst du Lorena danken, Profiköchin aus Venezuela. Ihre Tostones sehen etwas anders aus, als du es vielleicht gewohnt bist, denn bei ihr werden sie durch das Flachdrücken zu ziemlich dünnen Scheiben eindrucksvoll groß.

2 EL Morton Kosher Salt oder ein anderes Meer- oder Steinsalz *(siehe S. 13)* + etwas mehr zum Bestreuen

Saft von 1 Zitrone

2 Knoblauchzehen, abgezogen und fein gehackt *(siehe #lifehack S. 22)*

neutrales Pflanzenöl zum Frittieren

2 grüne Kochbananen, geschält und in 5 cm dicke Scheiben geschnitten *(siehe INFO unten)*

Salz, Zitronensaft und Knoblauch mit 480 Milliliter Wasser in eine große Schüssel geben und so lange verrühren, bis sich das Salz aufgelöst hat.

Einen hohen Topf mit schwerem Boden 5 Zentimeter hoch mit Öl befüllen und das Öl mithilfe eines Küchenthermometers auf 150 °C erhitzen. Einen Teller mit Küchenpapier belegen.

Die Kochbananenscheiben ins heiße Öl geben und etwa 3 Minuten darin frittieren, bis sie hell goldbraun und so weich sind, dass sie sich leicht zerdrücken lassen. (Dies mit einem scharfen Messer testen.) Mit einem Schaumlöffel herausheben und auf dem Küchenpapier abtropfen lassen. Das Öl nun auf 175 °C erhitzen.

Die Kochbananenscheiben für etwa 20 Sekunden in das Salz-Zitronensaft-Knoblauch-Wasser legen. Herausnehmen und mit Küchenpapier trocken tupfen. Mithilfe einer Kochbananenpresse oder mit der Unterseite eines flachen Tellers zu etwa 6 Millimeter dicken Scheiben (10 bis 13 cm Ø) pressen.

Die Scheiben erneut ins heiße Öl geben und in 4 bis 5 Minuten goldbraun frittieren. Mit dem Schaumlöffel herausheben und noch einmal auf Küchenpapier abtropfen lassen. Noch heiß mit Salz bestreuen und sofort servieren.

INFO

Für Neulinge: So schält man Kochbananen. Die Enden abschneiden, anschließend die Kochbananen der Länge nach rundum 3-mal flach einschneiden – die Schnitte müssen die Schale durchdringen, sollen das Fruchtfleisch aber nicht verletzen. Nun die Schale segmentweise abziehen und entsorgen. Dabei rasch vorgehen, damit die Kochbananen nicht oxidieren und unansehnlich braun werden.

Erdbeer-Windbeutel (Seite 150)

Süß und lecker

2 PORTIONEN

Cloudbread

@myhealthydish

Hat dieser Trend den Fluffiges-Essen-Hype ausgelöst? Kann sein – schließlich sind aufgeschäumter Kaffee *(siehe S. 164)* und Wolkeneier *(siehe S. 25)* auch total in. Mys Version des Cloudbread (oder Wolkenbrot) nimmt ein paar schlaue Anpassungen vor: Beispielsweise verwendet sie Vanilleextrakt, um ihr Cloudbread fest in der Kategorie »Desserts« zu verankern, und nur so viel Speisestärke, wie nötig ist, um das Ganze zusammenzuhalten. Schlägst du erst das Eiweiß steif, bist du nur noch lächerliche 30 Minuten von den zuckerwatteähnlichen Himmelshappen entfernt.

3 Eiweiß von Eiern Größe L

2 EL Zucker

2 TL Speisestärke

1 TL Vanilleextrakt

Lebensmittelfarbe (Farbe optional)

Den Backofen auf 150 °C vorheizen und ein Backblech mit Backpapier belegen.

Das Eiweiß in der Küchenmaschine oder mit dem elektrischen Handrührgerät in einer großen Schüssel in etwa 3 Minuten auf höchster Stufe steif schlagen.

Zucker, Stärke, Vanilleextrakt und 4 bis 5 Tropfen Lebensmittelfarbe – mehr, falls ein intensiverer Farbton gewünscht ist – hinzufügen und vorsichtig mit einem Gummispatel unterheben. Die Mischung anschließend noch einmal kurz – nur wenige Sekunden – in der Küchenmaschine oder mit dem elektrischen Handrührgerät auf höchster Stufe mixen.

Den Teig auf das vorbereitete Backblech geben und mit dem Spatel oder angefeuchteten Fingern zu einem etwa 7½ Zentimeter hohen Laib formen (Breite und Länge des Laibs spielen dabei keine Rolle).

Das Cloudbread etwa 25 Minuten im Ofen backen, bis die Kruste hellbraun ist. Anschließend 5 Minuten abkühlen lassen und sofort servieren.

Wie bitte ...?
Wolkenbrot?
Pfefferminzaroma ergibt
minzige (grüne) Wolken,
Zitronenaroma ergibt
zitronige (gelbe) Wolken.
Himmlisch!

Am besten schmecken die Kekse, wenn man sie weich aus dem Ofen nimmt.
Die Kekse nach Belieben nach dem Backen mit Meersalzflocken bestreuen!

12 COOKIES

200 g heller oder dunkler brauner Zucker

1 zimmerwarmes Ei (Größe L)

240 g Erdnussbutter ohne Stücke (bitte kein »reines« Erdnussmus)

90 g Vollmilch- oder Zartbitterschokolade, grob gehackt + 45 g gehackte Schokolade zum Bestreuen (optional)

1 TL Natron

½ TL grobes Meersalz zum Bestreuen (optional)

Erdnussbutter-Chocolate-Chip-Cookies

@chelsweets

Profibäckerin Chelsey verleiht den supereinfachen (glutenfreien!) Cookies ihre ganz eigene Note, indem sie nach dem Backen noch Schokoladenstücke auf die Kekse gibt und sie zum Schluss mit Salz bestreut. Was die Erdnussbutter anbelangt, so kann das »reine« Erdnussmus im Vorratsschrank bleiben, ebenso wie alles andere, was im Glas erst durchgerührt werden muss, damit es die richtige Konsistenz bekommt. Zudem brauchen die Kekse wenig Backzeit – vertraue darauf, dass sie nach 10 Minuten im Ofen zwar nicht unbedingt fertig *aussehen,* es aber sind: Sie werden beim Abkühlen fest. Und somit ist das Schwierigste an diesem Rezept das Warten darauf, dass man endlich probieren darf.

Den Backofen auf 175 °C vorheizen und ein Backblech mit Backpapier oder einer Backmatte aus Silikon belegen.

Den braunen Zucker und das Ei in der Küchenmaschine oder in einer großen Schüssel mit dem elektrischen Handrührgerät auf mittlerer Stufe in etwa 1 Minute verrühren. Zucker und Ei können auch mit einem Schneebesen verrührt werden.

Erdnussbutter, Schokolade und Natron hinzufügen und auf niedriger Stufe etwa 1 Minute weiterrühren, bis ein homogener Teig entstanden ist.

12 gehäufte Esslöffel Teig nebeneinander auf das vorbereitete Backblech geben und 10 bis 12 Minuten im Ofen backen, bis die Oberfläche der Cookies trocken aussieht und leichte Risse bekommen hat. Und wie gesagt, keine Sorge. Die Kekse werden beim Abkühlen fest.

Aus dem Ofen nehmen und sanft einige zusätzliche Schokoladenstücke in die Cookies pressen und/oder die Kekse mit Meersalz bestreuen. 5 Minuten auf dem Blech abkühlen lassen, dann vorsichtig auf ein Kuchengitter legen und vollständig abkühlen lassen.

16 BROWNIES

Fudgy Brownies

@thesweetimpact

Robert ist autodidaktischer Bäcker und Kuchenkünstler, über dessen atemberaubende Kreationen man nur staunen kann. Solltest du mit der sehr speziellen ASMR-Form des Kuchendekoriervideos noch nicht vertraut sein, musst du unbedingt Roberts Follower*in werden. Und bis du mit Fondant so umgehen kannst wie er, hält er auf seiner Seite zahlreiche Tipps für amateurbäckerfreundliche Desserts für dich parat.

- Kochspray für die Form
- 200 g weißer Zucker
- 200 g dunkler brauner Zucker
- 225 g Butter, zerlassen und abgekühlt
- 3 Eier (Größe L)
- 1 EL Filterkaffee, leicht abgekühlt oder kalt (nur nicht heiß)
- 2 TL Vanilleextrakt
- 210 g Mehl *(siehe #lifehack S. 155)*
- 80 g ungesüßtes Kakaopulver
- 1½ TL Tafelsalz *(siehe S. 13)*

Den Backofen auf 175 °C vorheizen. Eine Backform (ca. 24 × 36 cm) leicht mit Kochspray einfetten.

In einer großen Schüssel weißen und dunklen braunen Zucker so lange mit einem Spatel verrühren, bis keine Klümpchen mehr vorhanden sind. Die zerlassene Butter dazugießen und alles noch einmal gründlich vermengen. Nacheinander die Eier hinzufügen und unterrühren. Zum Schluss Kaffee und Vanilleextrakt dazugeben und ebenfalls unterrühren.

In einer mittelgroßen Schüssel gesiebtes Mehl, Kakaopulver und Salz verrühren. Die Mehlmischung portionsweise zur Zucker-Butter-Mischung geben und mit dem Spatel nur so lange verrühren, bis die trockenen Zutaten gut durchfeuchtet sind. Den Teig in die vorbereitete Form füllen und glatt streichen.

Die Brownies 20 bis 25 Minuten im Ofen backen, bis die Oberfläche leichte Risse bekommen hat.

Die Brownies auf einem Ofenrost vollständig in der Form abkühlen lassen, anschließend in Stücke schneiden und servieren. Übrig gebliebene Brownies halten sich in einem luftdicht verschlossenen Behälter bei Zimmertemperatur bis zu 4 Tage.

Geheimzutat:
Kaffee (pssst!).

Wer's säuerlich
mag, nimmt
Granny Smith,
die Süßen wählen
Gala-Äpfel!

4 STÜCK

Apfel-Plunder

@theres.food.at.home

Wenn du das nächste Mal einkaufen gehst, dann mach doch einen kleinen Abstecher in Richtung Tiefkühltruhe und nimm eine Packung Blätterteig mit – denn damit bist du schon auf halbem Weg zum Genuss dieses Einfacher-als-es-erlaubt-sein-dürfte-Desserts. Die Gastronomin und Allround-Küchenchefin August macht mit den Gewürzen für die Äpfel lediglich Vorschläge – nimm mehr von dem, was du magst, und lass weg, was du nicht magst.

Kochspray für das Blech (optional)

2 mittelgroße Äpfel, geschält (optional), vom Kerngehäuse befreit und in dünne Scheiben geschnitten

100 g dunkler brauner Zucker

85 g Butter, zerlassen

1 TL Zimtpulver

¼ TL gemahlener Piment

⅛ TL gemahlener Ingwer (optional)

Salz

2 Platten TK-Blätterteig, angetaut

1 Ei (Größe L)

Puderzucker zum Bestäuben (optional)

Den Backofen auf 200 °C vorheizen und ein Backblech mit Backpapier belegen oder leicht mit Kochspray einfetten.

Apfelscheiben, braunen Zucker, zerlassene Butter, Zimt, Piment, Ingwer und 1 Prise Salz in einer großen Schüssel vermengen. Nach Belieben mit mehr Gewürzen und Salz abschmecken.

Den Blätterteig ausrollen und in 4 Quadrate schneiden. Die Quadrate auf das vorbereitete Backblech legen.

Die gewürzten Apfelscheiben auf den Blätterteigquadraten verteilen, dabei am Rand etwas Platz lassen. Es ist völlig in Ordnung, wenn sich die Scheiben überlappen. Jedes Teigstück mit 1 Esslöffel der in der Schüssel verbliebenen Zuckermischung bestreichen, dabei aber nicht zu viel nehmen, sonst werden die Teilchen später matschig.

In einer kleinen Schüssel das Ei mit 2 Esslöffel Wasser verquirlen und die frei gebliebenen Blätterteigränder mit der Mischung bestreichen.

Die Apfel-Plunderteilchen 15 bis 20 Minuten im Ofen backen, bis die Ränder goldbraun sind. Mit Puderzucker bestäuben und warm servieren.

18 STÜCK

Knusprige Baklava-Röllchen

@tazxbakes

Damit auch jeder Bissen dieses mit Pistazien und Mandeln gefüllten Baklava ordentlich Crunch hat, hat Taz ein paar Tipps für dich: den Teig nicht zu trocken werden lassen, angesichts der Buttermenge nicht durchdrehen und den Sirup erst komplett abkühlen lassen, bevor er über die frisch aus dem Ofen kommenden Röllchen gegossen wird.

Für den Zuckersirup

600 g Zucker

1 EL Zitronensaft, frisch gepresst *(siehe #lifehack S. 155)*

2 Zimtstangen

Für die Baklava-Röllchen

weiche Butter *(siehe #lifehack S. 148)* für die Form

185 g Pistazienkerne

100 g ganze Mandeln

1 TL Zimtpulver

1 Packung zimmerwarme große Filoteigblätter (ca. 500 g)

300 g Butter oder Ghee, zerlassen

Für den Zuckersirup: Zucker und 500 Milliliter Wasser in einen mittelgroßen Topf geben und die Mischung bei mittlerer bis hoher Temperatur zum Kochen bringen. Dabei regelmäßig umrühren, damit sich der Zucker auflöst. Zitronensaft sowie Zimtstangen hinzufügen, die Hitze reduzieren und den Sirup 15 Minuten sanft köcheln lassen. Vorsichtig in ein hitzebeständiges Glas füllen und beiseitegestellt vollständig abkühlen lassen. (Der Sirup muss kalt sein, wenn er über das heiße Baklava gegossen wird – kalt, nicht heiß, nicht warm, KALT.)

Für die Baklava-Röllchen: Den Backofen auf 165 °C vorheizen und eine Backform (ca. 24 × 28 cm) mit Butter einfetten.

140 Gramm Pistazien, Mandeln und Zimt im Blitzhacker zu reiskorngroßen Stückchen hacken. Beiseitestellen.

Die restlichen Pistazien im Blitzhacker fein mahlen, aber nicht zu Nussbutter verarbeiten. Beiseitestellen.

1 Filoteigblatt auf der sauberen Arbeitsfläche so ausbreiten, dass die kurze Seite zu dir weist. (Die restlichen Blätter mit einem feuchten Geschirrtuch bedecken, damit sie nicht austrocknen.) Den Teig mit einer dünnen Schicht zerlassener Butter bestreichen. Ein zweites Teigblatt darauflegen und dieses ebenfalls dünn mit Butter bestreichen. 2 Esslöffel der Nussmischung auf der gesamten Oberfläche verteilen.

Fortsetzung ▶

Filoteig trocknet nicht aus, wenn er mit einem feuchten Geschirrtuch bedeckt wird.
Mit Resten von Sirup oder Füllung Milchreis oder Kuchen garnieren!

2 Holzstäbchen mit den Spitzen zueinander mittig waagerecht auf die Teigblätter legen (siehe Abbildung 1) und die untere Teighälfte über die Holzstäbchen nach oben schlagen (siehe Abbildung 2). Den Teig nun vorsichtig und locker um die Holzstäbchen herum von unten nach oben aufrollen (siehe Abbildung 3 und 4). Die Enden des aufgerollten Teigs so zur Mitte schieben, dass sich ein etwa 24 Zentimeter langes, faltiges Röllchen ergibt (siehe Abbildung 5 und 6).

Das fertige Röllchen vorsichtig in die vorbereitete Backform legen und die Holzstäbchen herausziehen. Das Röllchen mit einer dünnen Schicht zerlassener Butter bestreichen. Mit den restlichen Teigblättern und der restlichen Nussmischung ebenso verfahren, bis die Backform voll ist. (Übrig gebliebene Füllung hält sich im Tiefkühlfach bis zu 3 Monate; sie eignet sich hervorragend zum Garnieren anderer Desserts wie beispielsweise Milchreis oder Käsekuchen.)

Jedes Röllchen in 3 Stücke schneiden und mit der restlichen Butter beträufeln.

Das Baklava 45 bis 60 Minuten im Ofen backen, bis der Teig goldbraun und knusprig ist.

Aus dem Ofen nehmen und sofort mit dem kalten Sirup bedecken. Die Röllchen mindestens 1 Stunde in dem Sirup ziehen lassen. (Je länger, desto leckerer – wer es aushält, lässt die Röllchen 24 Stunden ziehen!)

Vor dem Servieren die Röllchen noch mit etwas Sirup beträufeln und mit den fein gemahlenen Pistazien bestreuen.

Übrig gebliebenes Baklava hält sich abgedeckt bei Zimmertemperatur bis zu 2 Wochen und im Tiefkühlfach bis zu 3 Monate. Tiefgefrorenes Baklava vor dem Verzehr mindestens 4 Stunden, besser aber über Nacht bei Zimmertemperatur auftauen lassen.

#lifehack
Wer keine Zeit hat, darauf zu warten, dass Butter oder Frischkäse Zimmertemperatur annehmen, kann auch Folgendes tun: Ein hohes Trinkglas oder eine Glasschüssel – beides sollte so groß sein, dass Butter bzw. Frischkäse darunterpassen – mit heißem Wasser füllen, allerdings nicht so heiß, dass das Glas zerspringt. Das Wasser aus dem Glas gießen und das Glas über die Butter oder den Frischkäse stülpen. Alle paar Minuten prüfen, ob die Zutat die gewünschte Temperatur bereits erreicht hat.

1

2

3

4

5

6

CA. 24 KLEINE WINDBEUTEL

Erdbeer-Windbeutel

@scheckeats

Der College-Kochstar Jeremy hat die Windbeutel aus der etwas angestaubten Kaffeekränzchenecke geholt. Aus gemahlenen gefriergetrockneten Erdbeeren und Schlagsahne zaubert er eine frisch-fruchtige Füllung, bei der sicherlich alle Beeren-und-Sahne-Fans da draußen auf ihre Kosten kommen. Und Jeremys Toptipp? Das Rezept erst ganz durchlesen und sich jeden einzelnen Zubereitungsschritt vor Augen führen, damit man sich nicht verzettelt und mittendrin verwirrt abbricht.

Für den Brandteig

120 ml Milch

115 g Butter, in Stücke geschnitten

2 EL Zucker

½ TL Diamond Crystal Kosher Salt oder ein anderes Meer- oder Steinsalz *(siehe S. 13)*

150 g Mehl *(siehe #lifehack S. 155)*

5 zimmerwarme Eier (Größe L)

Für die Erdbeersahne

38 g gefriergetrocknete Erdbeeren

150 g Zucker

720 g Sahne

4 frische Erdbeeren, geputzt und in Scheiben geschnitten

Den Ofenrost auf mittlerer Schiene in den Backofen schieben und den Ofen auf 220 °C vorheizen. 2 Backbleche mit Backpapier oder Backmatten aus Silikon belegen.

Für den Brandteig: Milch, Butter, Zucker, Salz und 120 Milliliter Wasser in einen mittelgroßen Topf geben. Die Mischung bei niedriger Temperatur zum Kochen bringen. Anschließend sofort den Topf vom Herd nehmen.

Das ganze Mehl auf einmal hineingeben und alles mit einem Holzlöffel zu einem glatten Teig verrühren. Diesen bei mittlerer Temperatur unter ständigem Rühren 2 Minuten »abbrennen«, bis eine dicke Paste entstanden ist und sich ein dünner Film auf dem Topfboden bildet. Den Teig in eine Schüssel geben und 5 Minuten abkühlen lassen.

In der Zwischenzeit 4 Eier in einer kleinen Schüssel aufschlagen und leicht mit einer Gabel verquirlen.

Die verquirlten Eier in 4 Portionen zu dem abgekühlten Teig geben und mit einem Holzlöffel kräftig einarbeiten. (Das erfordert etwas Anstrengung.) Der fertige Teig sollte leicht klebrig und pastenartig sein und so fest, dass er nach dem Spritzen aufs Backblech nicht auseinanderläuft. Ist er zu fest, das restliche Ei hinzufügen. Dieses dafür in einer kleinen Schüssel aufschlagen, verquirlen und die Hälfte davon zum Teig geben. Kräftig unterschlagen und, falls nötig, die andere Hälfte ebenfalls dazugeben.

Den Teig nochmals etwas abkühlen lassen. (In diesem Stadium hält er sich in einem luftdicht verschlossenen Behälter im Kühlschrank bis zu 2 Tage. Man kann ihn auch bis zu 1 Monat einfrieren und anschließend über Nacht im Kühlschrank auftauen lassen.)

Den Teig in einen Spritzbeutel mit Sterntülle füllen (siehe #lifehack rechts). Eine kleine Schüssel mit Wasser bereitstellen. Den Teig in einer Kreisbewegung auf die vorbereiteten Backbleche spritzen, als würde man Cupcakes dekorieren, dabei ausreichend Platz zwischen den einzelnen Portionen lassen (vielleicht muss auch portionsweise gebacken werden). Die Teigkreise sollten einen Durchmesser von rund 5 Zentimeter haben. Einen Finger in das bereitgestellte Wasser tauchen und vorsichtig die Teigspitze nach unten drücken, die sich nach dem Absetzen des Spritzbeutels bildet. (Wer keinen Spritzbeutel hat, benutzt einen kleinen Eisportionierer oder gibt mit einem Löffel pro Windbeutel 60 Gramm Teig auf das Backblech.)

1 Backblech in den Ofen schieben und die Windbeutel darin etwa 15 Minuten backen. Anschließend die Hitze auf 175 °C reduzieren. Sind die Windbeutel schon nach 10 Minuten aufgegangen und gebräunt, die Temperatur früher reduzieren. Die Windbeutel in weiteren 15 bis 20 Minuten fertig backen. Während der Backzeit die Ofentür nicht öffnen.

Die Windbeutel aus dem Ofen nehmen und sofort unten mit einem scharfen Messer einschneiden, damit Dampf entweichen kann. Auf einem Ofenrost abkühlen lassen. Nun auch das zweite Blech in den Ofen schieben, vorher aber die Temperatur wieder erhöhen.

Die vollständig abgekühlten Windbeutel waagerecht halbieren.

In der Zwischenzeit für die Erdbeersahne: Gefriergetrocknete Erdbeeren und Zucker im Mixer oder in der Küchenmaschine zu einem feinen Pulver mahlen. In einer großen Schüssel mit der Sahne verrühren. Die Erdbeersahne mit dem elektrischen Handrührgerät auf mittlerer Stufe steif schlagen und in einen sauberen Spritzbeutel füllen.

Die steife Erdbeersahne in die untere Hälfte der Windbeutel spritzen (du kannst es ruhig krachen lassen, es ist genug Sahne da). Mit frischen Erdbeerscheiben belegen und die oberen Windbeutelhälften daraufsetzen.

Übrig gebliebene Windbeutel halten sich in einem luftdicht verschlossenen Behälter im Kühlschrank bis zu 2 Tage. Und mit übrig gebliebener Schlagsahne kann man Pancakes oder Kuchen verzieren – oder sie so lange weiterschlagen, bis eine cremige Erdbeerbutter entstanden ist!

#lifehack
Spritzbeutel lassen sich im Nu auch selbst herstellen. Dafür einfach die Ecke eines Gefrierbeutels abschneiden, dabei aber auf die Größe der Tülle achten. Zum Befüllen den Spritz- oder den Gefrierbeutel mit der Tülle nach unten in ein hohes Glas geben und den Rand des Beutels über den Glasrand schlagen. So kleckert nichts daneben.

Chaheti verwendet Cocettes, doch eignet sich jede ofenfeste Form mit 240 Milliliter Fassungsvermögen (ca. 8½ cm breit und 5 cm tief).

Das Backpapier verleiht den Kuchen ihren rustikalen, unperfekten Charme.

2 KLEINE KUCHEN

Baskischer Käsekuchen en miniature

@rootedinspice

- 150 g zimmerwarmer Doppelrahmfrischkäse *(siehe #lifehack S. 148)*
- 80 g Sahne
- 50 g Zucker
- 1 EL Mehl
- ½ TL abgeriebene Zitronenschale
- ⅛ TL Vanilleextrakt
- 1 zimmerwarmes Ei (Größe L)
- Salz

Inspiriert durch eine Reise ins Baskenland, wo sie sich hoffnungslos in Pastelitos – Minikuchen – verliebte, und nach einer längeren Phase des Trial and Error erfand Chaheti das süßeste und einfachste Mini-Käsekuchenrezept, das man sich nur vorstellen kann. Hier heißt es mischen, gießen, backen, fertig. Da die Kuchen so klein sind, sollte man sie allerdings während der Backzeit gut im Auge behalten, damit sie nicht zu dunkel werden.

Frischkäse, Sahne, Zucker, Mehl, Zitronenschale, Vanilleextrakt, Ei und 1 Prise Salz in einen Mixer geben und 10 Sekunden mixen. Die Mischung anschließend 30 Minuten ruhen lassen, damit eventuelle Luftblasen entweichen können.

Den Ofenrost auf einer Höhe von etwa 15 Zentimeter von oben in den Backofen schieben und den Ofen auf 230 °C vorheizen. Zwei Cocettes oder ähnliche ofenfeste Formen mit je 240 Milliliter Fassungsvermögen mit einem Backpapierquadrat auslegen, das über den Rand der Form hinausragt. Das Papier gut in die Form drücken. Den Teig einige Male umrühren und anschließend in die vorbereiteten Formen füllen; dabei einen Rand von etwa 1,3 Zentimeter frei lassen.

Die Cocettes mittig auf den Ofenrost stellen und die Kuchen rund 20 Minuten im Ofen backen. Anschließend die Garprobe machen: Bräunen die Kuchen gut, etwa 5 Minuten weiterbacken, bis sie dunkelbraun, aber noch nicht ganz fest sind. Bräunen die Kuchen nicht gut, den Grill dazuschalten und ebenfalls etwa 5 Minuten weiterbacken. Insgesamt sollte die Backzeit 30 Minuten nicht überschreiten, sonst werden die Kuchen zu trocken.

Die Kuchen auf einem Ofenrost abkühlen lassen, bis sie in der Mitte einsinken. Aus der Form nehmen und für mindestens 2 Stunden, besser aber über Nacht in den Kühlschrank stellen (abgedeckt werden müssen sie dabei nicht). Gekühlt servieren.

8–10 STÜCKE

VEGAN

Olivenöl-Matcha-Kuchen mit Rosenglasur

@lahbco

Wir präsentieren: einen lässig veganen Kuchen, der mit einer Kugel Eis (aus Milch oder ebenfalls vegan) serviert werden kann. Nasim kocht und bäckt überwiegend pflanzenbasiert und wurde zu diesem eleganten Kuchen, den er seinem besten Freund geschenkt hat, von floralen Persian Love Cakes und seiner Leidenschaft für Matcha inspiriert. Olivenölkuchen zeichnen sich durch einen äußerst geduldigen Teig aus und eignen sich deshalb auch für Anfänger: Sie gehen im Ofen wunderbar auf und halten sich mehrere Tage lang.

Für den Kuchen

Olivenöl für die Form

2 EL gemahlene Leinsamen

210 g Mehl *(siehe #lifehack rechts)*

2 EL Matchapulver, gesiebt + etwas mehr zum Bestäuben

1 TL Backpulver

½ TL Morton Kosher Salt oder ein anderes Meer- oder Steinsalz *(siehe S. 13)*

200 g Zucker

180 ml Olivenöl extra vergine

60 ml ungesüßter Pflanzendrink nach Wahl

1 EL + 1½ TL Rosenwasser

Für den Kuchen: Einen Ofenrost auf mittlerer Schiene in den Backofen schieben und den Ofen auf 175 °C vorheizen. Eine runde Backform (ca. 23 cm Ø) mit Olivenöl einfetten und den Boden der Form mit einem Kreis aus Backpapier belegen.

In einer kleinen Schüssel die gemahlenen Leinsamen mit 6 Esslöffel Wasser verrühren. Die Mischung 10 bis 15 Minuten quellen lassen.

In einer mittelgroßen Schüssel Mehl, Matchapulver, Backpulver und Salz verrühren.

In einer großen Schüssel Zucker und Olivenöl verrühren. Die Leinsamenmischung sowie den Pflanzendrink und das Rosenwasser hinzufügen und unterrühren.

Die trockenen Zutaten zu den feuchten geben und mit einem Spatel kurz verrühren. Nicht zu lange rühren, sonst wird der Kuchen später zu fest. Den Teig in die vorbereitete Form füllen und mit dieser einige Male leicht auf eine harte Oberfläche klopfen, damit sich eventuelle Luftbläschen im Teig lösen können.

Den Kuchen 30 bis 40 Minuten im Ofen backen, bis an einem in der Mitte hineingesteckten Holzstäbchen kein Teig mehr hängen bleibt. Vollständig in der Form abkühlen lassen und anschließend auf einen Ofenrost geben.

In der Zwischenzeit für die Rosenglasur: Den Puderzucker in eine mittelgroße Schüssel sieben. Rosenwasser, Zitronensaft und 1 Prise Salz dazugeben und alles glatt rühren.

Mit einer Gabel oben in den abgekühlten Kuchen einige Löcher stechen und die Glasur langsam über den Kuchen gießen. Mit Matchapulver bestäuben und mit Rosenblütenblättern garniert servieren.

Der Kuchen hält sich in einem luftdicht verschlossenen Behälter bei Zimmertemperatur bis zu 4 Tage lang und im Kühlschrank bis zu 1 Woche.

Für die Rosenglasur

120 g Puderzucker

2 EL Rosenwasser

1 EL Zitronensaft, frisch gepresst *(siehe #lifehack ganz unten)*

Salz

frische oder getrocknete Rosenblütenblätter zum Garnieren

#**lifehack**
Statt das Gewicht von Zutaten beim Wiegen zu *erhöhen,* kann man es auch *verringern,* indem man z.B. die Tüte Mehl (oder eine andere Zutat) auf die Waage stellt, die Waage auf null stellt und abzieht, also mit einem Löffel herausnimmt, was man gerade braucht. Diese Methode eignet sich besonders, wenn man die Zutat in einen laufenden Mixer oder zu einer auf dem Herd köchelnden Mischung geben soll.

#**lifehack**
Wenn du nur ein bisschen frisch gepressten Zitronensaft brauchst und dafür keine ganze Zitrone opfern oder den Saft einer halben Zitrone nicht auf einen winzigen Löffel quetschen willst, probier es doch mal so: Stich mit einem Holzstäbchen in ein Ende der Zitrone – das Stäbchen sollte die Schale ganz durchbohren – und drücke. So kannst du den Zitronensaft tropfenweise entnehmen und die Zitrone bleibt auch danach noch lange frisch.

1 KUCHEN
(15 CM Ø)

Drei-Schichten-Buttercremetorte

@colinstimetobake

Dieser dreistöckige Kuchen vom schottischen Backzauberer Colin ist echt was für Angeber. Dank der Stärke backen die Kuchen im Ofen leicht und luftig auf, da Stärke den Teig nicht so schwer macht wie Mehl. Und beim Überziehen des Gesamtkunstwerks hast du die Wahl: Dir ist der Spritzbeutel quasi in die Wiege gelegt worden? Dann mach kleine Rosetten. Dir ist das Ding unheimlich? Dann gib die Creme auf den Kuchen und verstreiche sie mit einem breiten Messer. Egal, welche Methode du wählst: Deine Gäste werden auf jeden Fall beeindruckt sein.

Für den Kuchen

- weiche Butter *(siehe #lifehack S. 148)* für die Formen
- 225 g zimmerwarme Butter
- 300 g feinster Zucker
- 4 zimmerwarme Eier (Größe L)
- 280 g Mehl *(siehe #lifehack S. 155)*
- 2 EL Speisestärke
- 2 TL Backpulver
- 6 EL Milch
- 2 TL Vanilleextrakt

Für die Buttercreme

- 455 g zimmerwarme Butter
- 900 g Puderzucker
- 1 EL Vanilleextrakt
- Lebensmittelfarbe nach Wahl (optional)
- 150 g Himbeermarmelade

Für den Kuchen: Einen Ofenrost auf mittlerer Schiene in den Backofen schieben und den Ofen auf 150 °C vorheizen. Drei runde Backformen (15 cm Ø) leicht mit Butter einfetten, anschließend den Boden der Formen mit Backpapierkreisen belegen. (Wer nur eine oder zwei Formen hat, backt die Kuchen nacheinander.) Das Backpapier ebenfalls leicht einfetten.

In einer großen Schüssel die Butter mit dem elektrischen Handrührgerät auf mittlerer Stufe in rund 2 Minuten schaumig schlagen. Den Zucker hinzufügen und 2 bis 3 Minuten weiterschlagen, bis eine dicke, helle Mischung entstanden ist.

1 Ei dazugeben und in rund 1 Minute unterrühren. Mit den restlichen Eiern ebenso verfahren. Es sollte ein glänzender Teig entstehen – wirkt er leicht geronnen, weiterschlagen, bis der Teig glatt ist.

Mehl, Stärke und Backpulver in einer mittelgroßen Schüssel verrühren. Milch und Vanilleextrakt in einer kleinen Schüssel verrühren.

Fortsetzung ▶

Ein paar Spritztüllen und ein Spritzbeutel machen das Kuchenverzieren zum Kinderspiel!

Ein Drittel der Mehlmischung und anschließend die Hälfte der Milchmischung unter den Teig rühren. Wiederum ein Drittel der Mehlmischung dazugeben, dann die restliche Milchmischung und zum Schluss die restliche Mehlmischung. Der Teig sollte nun die Konsistenz einer dicken Mousse haben.

Den Teig in die drei vorbereiteten Backformen füllen und glatt streichen. Können nicht alle drei Kuchen auf einmal gebacken werden, den übrig gebliebenen Teig mit Klarsichtfolie bedecken und bis zur Weiterverwendung, höchstens aber 24 Stunden kühl stellen.

Die Kuchen 40 Minuten im Ofen backen, anschließend die Garprobe machen. Sie sind fertig, wenn an einem in der Mitte hineingesteckten Holzstäbchen kein Teig mehr hängen bleibt. Sind die Kuchen noch nicht so weit, in 10-Minuten-Intervallen weiterbacken.

Nach dem Backen 10 Minuten in der Form abkühlen lassen. Mit einem Messer vorsichtig innen am Rand entlangfahren, um die Kuchen von der Form zu lösen. Die Kuchen anschließend auf ein Kuchengitter stürzen (mit Ofenhandschuhen – die Formen sind noch heiß!). Das Backpapier entfernen und die Kuchen vollständig abkühlen lassen. Ist einer der Kuchen schief, weil sich beim Backen eine Spitze gebildet hat, diese mit einem scharfen Sägemesser abschneiden.

In der Zwischenzeit für die Buttercreme: Die Butter in einer großen Schüssel mit dem elektrischen Handrührgerät auf mittlerer Stufe in etwa 2 Minuten zu einer glatten Masse verrühren. Bei laufendem Handrührgerät portionsweise den Puderzucker hinzufügen und unterrühren. Vanilleextrakt ebenfalls unterrühren. Zum Schluss tropfenweise die Lebensmittelfarbe dazugeben, bis der gewünschte Farbton erreicht ist.

Einen Kuchen auf einen Servierteller legen. Mit der gewölbten Seite eines Dessertlöffels eine etwa 1,3 Zentimeter dicke Schicht Buttercreme gleichmäßig darauf verteilen, dabei ungefähr 1,3 Zentimeter Rand frei lassen (die Creme soll nicht herausquellen). Mit der Hälfte der Himbeermarmelade bestreichen. Den Vorgang wiederholen und zum Schluss den dritten Kuchen auflegen.

Den Kuchen mithilfe eines Dessertlöffels mit Buttercreme überziehen und für 20 Minuten in den Kühlschrank stellen. (Man nennt diese Schicht »crumb coat« – Krümelmantel –, weil die Buttercreme durch das Verstreichen noch Kuchenkrümel enthält.) Anschließend den Kuchen nochmals dick mit Buttercreme überziehen und die Creme so glatt wie möglich verstreichen.

Die Torte in Stücke schneiden und servieren oder in einem luftdicht verschlossenen Behälter bis zu 3 Tage an einem kühlen, trockenen Ort aufbewahren.

INFO

Noch hübscher sieht die Torte mit ein paar profimäßigen Buttercremeröschen aus:

Dafür die Torte zunächst mit dem »crumb coat« *(siehe links)* überziehen. Einen Spritzbeutel mit einer Sterntülle versehen und zur Hälfte mit zimmerwarmer Buttercreme füllen *(siehe #lifehack S. 151)*.

Den Spritzbeutel senkrecht zur Torte halten und in der gedachten Mitte der Rose beginnen. Nun die Buttercreme im Uhrzeigersinn aufspritzen, bis eine Blüte mit einem Durchmesser von 4 Zentimeter entstanden ist. (Du kannst vorher auch erst einmal auf Backpapier üben, wenn du magst.)

Wenn du die Torte ganz mit Röschen überziehen willst, beginnst du damit an der Tortenbasis. Oben verzierst du dann erst den Rand und schließt mit einer großen Rose in der Mitte ab.

Oder als Kulfi-Sandwich mit dem Eis als Füllung zwischen zweien deiner Lieblingskekse!

6 STÜCK

14 Oreo-Kekse + einige mehr zum Garnieren (optional)

240 ml Milch

120 g Sahne

65 g Zucker

5 EL gezuckerte Kondensmilch

35 g Milchpulver (aus Vollmilch oder fettreduziert – beides funktioniert)

1 TL feines Meersalz *(siehe S. 13)*

Kulfi mit Keksen und Sahne

@goldengully

Zu diesem Dessert ohne Rühren, dessen Fertigstellung das Tiefkühlfach übernimmt, ließ sich Bilal von seinen Follower*innen inspirieren. Als er Unmengen von Anfragen bezüglich einer Oreo-Version erhielt ... na ja, du kannst dir vorstellen, wie es weiterging. Zu den gar nicht mal so geheimen Zutaten gehören gezuckerte Kondensmilch (die für den einzigartigen Kulfi-Geschmack sorgt), Milchpulver (das für die einzigartige Konsistenz sorgt, die – versprochen! – abhängig macht) und feines Meersalz (das jeden Bissen harmonisch ausbalanciert).

Die Kekse in der Küchenmaschine oder im Mixer zu feinen Krümeln verarbeiten (es ist völlig in Ordnung, wenn noch ein paar größere Cremestückchen darin sind, die Kekse selbst sollten jedoch fein gemahlen sein). 160 Gramm von der Masse abmessen und eventuelle Reste zum Garnieren von Eisbechern aufbewahren.

Die Krümel wieder in die Küchenmaschine oder den Mixer geben und Milch, Sahne, Zucker, Kondensmilch, Milchpulver sowie Salz hinzufügen. Alles glatt mixen.

Die Mischung in Eis-am-Stiel-Formen füllen oder in einen gefrierfachbeständigen Behälter wie eine Schüssel geben. Für mindestens 8 Stunden ins Tiefkühlfach stellen.

Zum Servieren das Eis aus den Formen nehmen, aus der Schüssel in kleinere Schalen geben oder ein Kulfi-Sandwich machen: Dafür einen Oreo-Keks vorsichtig teilen und das Eis auf eine Hälfte streichen. Anschließend den Keks wieder zusammensetzen.

Arnold Palmer mit Bourbon, Pfirsich und Ingwer (Seite 177)

Drinks mit und ohne

UNTER 30 MINUTEN

1 PORTION

- 2 EL Zucker
- 2 EL löslicher Kaffee
- 2–3 EL Karamellsauce
- Eiswürfel (bei Verwendung von kalter Milch)
- 120 ml heiße oder kalte Milch

Dalgona Coffee mit Karamell

@cookingwithlynja

Der nach einer südkoreanischen Süßigkeit benannte Dalgona Coffee hatte seine Sternstunde ... und hat sie immer noch. Kein Wunder: Er ist einfach. Er ist ausgefallen. Und er ist ein ganz klein wenig mysteriös. Wie können sich Instantkaffee, Zucker und Wasser in einen so herrlich dicken Schaum in »Timberland-Stiefel-Braun« (Lynjas Worte) verwandeln? Die Antwort auf diese Frage findest du auf Seite 167. Lynjas Version des Trends setzt schwer auf Karamell.

In einer mittelgroßen Schüssel Zucker und löslichen Kaffee mit 2 Esslöffel kaltem Wasser verrühren.

Die Mischung mit dem elektrischen Handrührgerät auf mittlerer bis hoher Stufe 2 bis 4 Minuten aufschlagen, bis sie hellbraun ist und ihr Volumen verdoppelt hat. Mit einem Schneebesen dauert das Ganze 8 bis 10 Minuten.

Die Karamellsauce in ein Glas oder eine Tasse füllen und Glas oder Tasse schwenken, bis die Sauce das Innere des Glases oder der Tasse vollständig bedeckt. Für einen kalten Drink Eiswürfel in das Glas oder die Tasse geben. Die Milch dazugeben und mit der aufgeschlagenen Kaffeemischung bedecken. Sofort servieren.

Beim Verdoppeln oder Verdreifachen der Menge bietet sich ein Standrührgerät an.

Geeister »Dalgona«-Matcha-Latte (Seite 166)

UNTER 30 MINUTEN

1 PORTION

60 g Sahne

1–2 EL Zucker

1–2 TL Matchapulver

Eiswürfel

240 ml Mandelmilch mit Vanillegeschmack oder ein anderer mit Vanille aromatisierter Pflanzendrink

Geeister »Dalgona«-Matcha-Latte

@beautifuleatsandthings

Stimmt, löslicher Kaffee ist die Hauptzutat im Dalgona Latte. Das bedeutet jedoch nicht, dass Matcha-Fans völlig außen vor wären. Für sie hat Andrea, die Body-Positivity-Anhängerin, Ernährungsberaterin und Anwärterin auf den Titel »Happiest Follow«, das perfekte Rezept. Statt Wasser nimmt sie Sahne für den Schaum, weil Matcha hinsichtlich des Schäumens nicht die gleichen Zauberkräfte hat wie Kaffee und der Schaum im Dalgona »Coffee« natürlich unerlässlich ist.

In einer mittelgroßen Schüssel die Sahne, den Zucker und das Matchapulver verrühren.

Die Mischung mit dem elektrischen Handrührgerät auf mittlerer bis hoher Stufe 1 bis 2 Minuten dickflüssig und cremig aufschlagen. Mit dem Schneebesen dauert das Ganze 2 bis 3 Minuten. (Hier hast du die Wahl: Mit dem elektrischen Handrührgerät ist es einfacher, mit dem Schneebesen aber wird der Schaum schöner – deine Entscheidung!)

Ein Glas mit Eiswürfeln füllen. Die Mandelmilch darübergießen und die aufgeschlagene Matchamischung daraufgeben. Nach Belieben verrühren und sofort servieren.

Das Dalgona-Abc

Versteh uns nicht falsch: Hier geht es nicht um Fehlerbehebung. Wenn du dich an @cookingwithlynjas Rezept auf Seite 164 hältst, wird dein Dalgona Coffee jedes Mal eine Punktlandung hinlegen. Doch bei nur vier Zutaten (wir zählen Muskelkraft als eine) kann es sicher nicht schaden, das Wie und Warum zu kennen, wenn man mit dem Gedanken spielt zu experimentieren oder herausfinden will, warum es mit dem Dalgona in letzter Zeit hin und wieder mal nicht geklappt hat.

Es kann nur einen Kaffee geben

Für Dalgona Coffee brauchst du löslichen Instantkaffee, nicht die 3-in-1-Variante (Kaffeepulver, Zucker, Milchpulver) und auch keinen aromatisierten Kaffee. Denn nur löslicher Kaffee besitzt eine hohe Konzentration an »Surfactants« (»surface active agents«), die Gas und Flüssiges zusammenhalten. Nur mit ihnen wird aus Kaffee, Wasser und Zucker reine Kaffeemagie! Die Stoffe kommen im Kaffee natürlich vor und sorgen unter anderem auch für das Schäumchen auf dem Espresso.

Zucker – ein Muss

Du kannst den Kaffee auch ohne Zucker aufschlagen, aber dann sinkt der Schaum sehr rasch in sich zusammen. Soll der Schaum dicht und glatt sein (und so lange halten, bis man ein paar gute Fotos gemacht hat), ist eine anständige Menge Zucker erforderlich. Und in vielen Rezepten bedeutet anständig ein Kaffee-Zucker-Verhältnis von 1:1.

Kaltes Wasser, bitte

Egal, ob der Latte geeist oder heiß sein soll: Das Kaffeepulver sollte immer in kaltem Wasser aufgelöst werden. Denn heißes Wasser bringt mehr Bitterstoffe zum Vorschein – man denke nur an den Geschmacksunterschied zwischen heißem Kaffee und einem Cold Brew –, die sich in einem Dalgona Coffee nun überhaupt nicht gut machen.

Nur für Schaumschläger

Beim Aufschäumen hast du mehrere Optionen, je nachdem, wie viel Kraft du aufwenden willst. Wir empfehlen das elektrische Handrührgerät, weil es den besten Kompromiss zwischen einem Standrührgerät (zu groß für dicken Schaum) und einem Schneebesen (Muskelkater) darstellt, aber im Grunde funktionieren alle drei Methoden. Manche Leute schwören aufs Schütteln im Einmachglas, doch dafür braucht man so viel Kraft, dass man auch gleich den Schneebesen nehmen kann.

Den aromatischsten
Milchtee bekommst
du mit losen
Teeblättern hin.

4 PORTIONEN

Hongkong-Milchtee mit geliertem Kaffee

@bobaguys

Coffee Jelly oder gelierter Kaffee – Kaffee und Zucker mit Gelatine – ist in Japan der absolute Hit, und dort haben sich auch Andrew und Bin die Inspiration für diesen Drink geholt. An vielen Orten in Asien ist außerdem eine Kombi aus Kaffee und Tee, Yinyong genannt, sehr beliebt. Als die beiden den Kaffeetee nach Kalifornien brachten, hatten sie hinsichtlich ihrer Variante zwei Dinge im Hinterkopf: dass Gelee sehr ästhetisch sein kann und dass schräg schön ist. Und diese Variante schlug nicht nur ein wie eine Bombe, sie war auch ein kulturelles Statement gegen Diskriminierung asiatischstämmiger Menschen.

Für den gelierten Kaffee

4 TL gemahlene Gelatine

480 ml Kaffee oder Cold Brew, die Temperatur spielt keine Rolle

75 g heller brauner Zucker

Für den Milchtee

275 g Eiswürfel + einige mehr zum Servieren

40 g lose Schwarzteeblätter oder 8 Schwarzteebeutel nach Wahl *(siehe INFO S. 170)*

200 g gezuckerte Kondensmilch

Für den gelierten Kaffee: 120 Milliliter kaltes Wasser in eine kleine Schüssel gießen und mit der gemahlenen Gelatine bestreuen. Die Mischung 10 Minuten stehen lassen.

In der Zwischenzeit in einem kleinen Topf den Kaffee bei mittlerer bis niedriger Temperatur zum Köcheln bringen. Den braunen Zucker so lange unterrühren, bis er sich vollständig aufgelöst hat. Die Mischung anschließend wieder zum Köcheln bringen. Den Topf vom Herd nehmen und die Gelatinemischung unterrühren. (Sollte sie sehr fest sein, zunächst mit etwas heißem Kaffee flüssiger rühren.) Weiterrühren, bis sich auch die Gelatine vollständig aufgelöst hat. Auf Zimmertemperatur abkühlen lassen, aber noch nicht in den Kühlschrank stellen!

Den abgekühlten Kaffee auf 4 Gläser mit einem Fassungsvermögen von je 475 Milliliter verteilen. Ein Muffinblech oder 4 kleine Auflaufförmchen in den Kühlschrank stellen. Die Gläser so in die Vertiefungen des Muffinblechs stellen, dass sie etwas geneigt sind und der gelierte Kaffee schräg darin fest werden kann. (In dem Muffinblech stehen die Gläser sicher; unter die Gläser in den Auflaufförmchen können zur Stabilisierung noch kleine Kugeln aus Alufolie gelegt werden.) Mindestens 4 Stunden, am besten aber über Nacht kühl stellen.

Fortsetzung ▶

Für den Milchtee: Die Eiswürfel in eine mittelgroße Schüssel füllen. 720 Milliliter Wasser in einem kleinen Topf bei hoher Temperatur zum Köcheln bringen. Den Topf vom Herd nehmen und den Tee ins Wasser geben. 4 Minuten ziehen lassen, dann über das Eis abgießen. Während das Eis schmilzt, die Kondensmilch unterrühren. Kühl stellen (idealerweise während der gelierte Kaffee fest wird).

Die Gläser mit dem gelierten Kaffee aus dem Kühlschrank nehmen und eine Handvoll Eiswürfel in jedes Glas geben. Vorsichtig mit jeweils 240 Milliliter Milchtee übergießen. Mit einem Löffel und einem Strohhalm servieren.

INFO

Die Boba-Jungs verwenden lose Teeblätter, genauer gesagt eine kleinblättrige Teemischung aus Assam, Ceylon und Yunnan. Wenn du nur große Teeblätter zu Hause hast, den Tee 1 bis 2 Minuten länger ziehen lassen, damit er stark genug für die Milch ist.

UNTER 30 MINUTEN

2–3 PORTIONEN

1 EL frischer Ingwer, gerieben

1 TL Ajowansamen

1 TL Fenchelsamen

6 Kardamomkapseln

4 ganze Nelken

¼–½ Zimtstange

2–3 EL lose Schwarzteeblätter oder 2–3 Schwarzteebeutel

480 ml Milch oder ungesüßte Hafermilch

Zucker zum Servieren

Masala Chai

@goldengully

Lass dich von Bilal zu deiner neuen Lieblingsversion des Masala Chai führen. Auf genaue Mengenangaben kommt es dabei eigentlich nicht an: Beginne einfach mit den Zutaten, wie sie nebenstehend aufgelistet sind, und finde heraus, was dir schmeckt und wo du Zutaten und Mengen vielleicht ein wenig variieren möchtest. Experimentieren ist angesagt! Nimm mehr Ingwer, wenn du dessen feurige Schärfe magst, nimm weniger Tee, wenn du einen milderen Aufguss bevorzugst. Versuch es just for fun auch einmal mit Hafermilch. Der perfekt Masala Chai? Ist der Masala Chai, wie du ihn gern trinkst.

In einem kleinen Topf mit mindestens 1 Liter Fassungsvermögen 480 Milliliter Wasser bei hoher Temperatur erhitzen. Wenn das Wasser siedet, Ingwer, Ajowansamen, Fenchelsamen, Kardamom, Nelken und Zimt hineingeben. 2 Minuten im siedenden Wasser ziehen lassen, dabei bei Bedarf die Temperatur reduzieren, wenn das Wasser zu kochen beginnt.

Den Tee hinzufügen und die Mischung nun zum Kochen bringen. 2 Minuten kochen lassen, dann die Milch dazugießen. Die Mischung erneut aufkochen und die Hitze anschließend rasch auf mittlere bis niedrige Temperatur reduzieren (Achtung – das geht sehr schnell!). 5 Minuten köcheln lassen. Abschmecken: Soll der Chai stärker sein, noch einmal aufkochen und weitere 5 Minuten köcheln lassen.

Eine gewünschte Menge Zucker in Tassen füllen und den Chai durch ein feinmaschiges Sieb dazugießen. Umrühren, bis sich der Zucker aufgelöst hat, und servieren.

UNTER 30 MINUTEN

1 PORTION

VEGAN

Brasilianischer Mariachi

@thelucasassis_

30 ml Limettensaft, frisch gepresst

15 ml Zuckersirup

4 Wassermelonenwürfel, 2½ cm groß

45 ml Cachaça

25 ml Mezcal

Eiswürfel zum Schütteln und Servieren

1 Zweig frischer Rosmarin

Diesen Drink hat sich Cocktailgenie Lucas für seine Hochzeit ausgedacht, und er hat sich augenblicklich zu einem Klassiker entwickelt. Für ihn kombinierte er das Nationalgetränk seiner Heimat Brasilien, Cachaça, mit mexikanischem Mezcal – Lucas' Frau stammt aus Mexiko. Noch etwas Wassermelone dazu, und fertig war der Drink, den man am liebsten den ganzen Sommer über genießen würde (wenn man über 18 ist).

Limettensaft, Zuckersirup und Wassermelonenwürfel in einen Cocktailshaker geben und mit einem Cocktail Muddler (einer Art Stößel) 10 Sekunden lang verrühren. Cachaça sowie Mezcal dazugießen und den Shaker anschließend mit Eiswürfeln auffüllen. Den Shaker fest verschließen und den Cocktail 10 bis 15 Sekunden kräftig schütteln.

Ein Rocks-Glas mit Eiswürfeln füllen und den Cocktail durch ein Barsieb oder ein feinmaschiges Küchensieb in das Glas abgießen.

Den Rosmarinzweig kurz mit einem Flambierbrenner oder einem Feuerzeug ansengen, bis er zu duften beginnt. Den Zweig in das Rocks-Glas stecken und den Cocktail servieren.

INFO
Du willst für alle deine Freund*innen Cocktails machen, aber nicht für jeden einzeln? Kein Problem: 80 Milliliter Zuckersirup, 120 Milliliter Mezcal, 160 Milliliter frisch gepressten Limettensaft, 240 Milliliter Cachaça, 300 Milliliter Wassermelonensaft (oder 22 Wassermelonenwürfel, leicht zerstoßen) und 60 Milliliter Wasser (das ist wichtig, denn es ersetzt die Eiswürfel beim Shaken) in einen großen Krug geben und verrühren. In mit Eiswürfeln gefüllte Gläser gießen und servieren.

8 PORTIONEN

VEGAN

Cidre-Rum-Punch

@spiritedla

Die Königin des #drink TikTok, Hannah, vereinte die süß-säuerliche Vollkommenheit des Cidre mit Ananasrum, einem mit Gewürzen aromatisierten Sirup und frisch gepresstem Zitronensaft zu einem Drink, den man nicht mehr missen möchte, wenn es draußen kalt und ungemütlich ist. Wer keinen Ananasrum bekommt, kann ihn problemlos durch einen anderen guten, gereiften Rum ersetzen – die Punch-Genießer werden auch daran kaum etwas auszusetzen haben. Und der Profitipp: Übrig gebliebener Sirup schmeckt auch hervorragend in einem Old Fashioned!

Für den Gewürzsirup

200 g Zucker

30 g Glühweingewürz

Für den Punch

355 ml Plantation Pineapple Rum

295 ml herber Cidre

150 ml Zitronensaft, frisch gepresst

12 Spritzer Orange Bitters

1,2 kg Eiswürfel zum Servieren

1 Apfel, vom Kerngehäuse befreit und in dünne Scheiben geschnitten

Für den Gewürzsirup: In einem mittelgroßen Topf 240 Milliliter Wasser zum Kochen bringen. Den Zucker hineingeben und so lange rühren, bis er sich vollständig aufgelöst hat. Das Glühweingewürz hinzufügen und alles 10 Minuten leise köcheln lassen, dabei gelegentlich umrühren. Den Topf vom Herd nehmen und den Gewürzsirup ganz abkühlen lassen.

Den abgekühlten Gewürzsirup durch ein feinmaschiges Sieb abgießen, die festen Bestandteile entsorgen. In einem luftdicht verschlossenen Behälter hält sich der Sirup im Kühlschrank bis zu 1 Woche.

Für den Punch: In einem großen Krug oder einer Punschschüssel Rum und Cidre verrühren. Den Zitronensaft durch ein feinmaschiges Sieb dazugießen. 150 Milliliter Gewürzsirup sowie Orange Bitters ebenfalls dazugießen. Abschmecken und bis zu 60 Milliliter mehr Sirup dazugeben, wenn der Cocktail süßer sein soll.

Den Krug oder die Schüssel mit Eiswürfeln auffüllen und 50-mal umrühren – Hannah zufolge ergibt dies genau die richtige Temperatur und Verdünnung des Cidre-Rum-Punch. Die Apfelscheiben dazugeben und den Cocktail in Gläsern servieren.

UNTER 30 MINUTEN

1 PORTION

Meine klassische Paloma

@thelucasassis_

Entgegen der landläufigen Meinung ist der Nationalcocktail von Mexiko nicht die Margarita, sondern die Paloma! Lucas hat sein Barkeepergenie für seine ganz persönliche Version des Drinks genutzt und einige Upgrades vorgenommen, die du lieben wirst. Für den Glasrand verwendet er Sal de Gusano, eine Salzmischung aus dem mexikanischen Bundesstaat Oaxaca, die pikanterweise geröstete und gemahlene Larven, sogenannte Chinicuil, enthält – sie verleihen der Mischung einen besonderen, erdigen Umami-Kick. Garniert wird der Cocktail mit einer karamellisierten Grapefruit, und abgerundet wird das Ganze mit sprudelndem Mineralwasser.

1 Grapefruitspalte, ca. 1,3 cm breit

Zucker (optional)

1 Limettenspalte

Sal de Gusano oder Tajín

Eiswürfel zum Servieren

45 ml Grapefruitsaft, frisch gepresst

25 ml Limettensaft, frisch gepresst

15 ml Zuckersirup

30 ml Tequila Blanco

30 ml Mezcal

Topo-Chico-Mineralwasser oder anderes Mineralwasser zum Aufgießen

Für die (optionale) karamellisierte Grapefruit zum Garnieren die Grapefruitspalte gleichmäßig mit einer dünnen Schicht Zucker bestreuen. Den Zucker mit einem Flambierbrenner erhitzen, bis er leicht Blasen wirft und goldfarben ist. Die karamellisierte Grapefruitspalte abkühlen lassen, während der Cocktail zubereitet wird.

Mit der Limettenspalte über den Rand eines Collins-Glases fahren. Eine dünne Schicht Sal de Gusano auf einen kleinen Teller geben und den Glasrand hineintauchen. Das Glas mit Eiswürfeln füllen.

Grapefruitsaft, Limettensaft, Zuckersirup, Tequila und Mezcal ins Glas gießen. Mit einem Barlöffel umrühren. Mit Mineralwasser aufgießen und mit der karamellisierten oder einer einfachen Grapefruitspalte garniert servieren.

INFO

Für Cocktails für dich und fünf deiner Freund*innen 300 Milliliter frisch gepressten Grapefruitsaft, 160 Milliliter frisch gepressten Limettensaft, 80 Milliliter Zuckersirup, 180 Milliliter Tequila sowie 180 Milliliter Mezcal in einen großen Krug gießen und verrühren. Sechs Collins-Gläser wie oben beschrieben verzieren und mit Eiswürfeln füllen. Den Cocktail darübergießen, dabei etwa drei Fingerbreit Rand lassen. Mit Topo Chico oder einem anderen Mineralwasser auffüllen und servieren.

Topo Chico
Nutrition Facts
Calories 0

»Frisch muss er sein!«
BOURBON

UNTER 30 MINUTEN

6 PORTIONEN

VEGAN

- 355 ml ungesüßter, kalter schwarzer Tee
- 265 ml High Proof Bourbon, z. B. Wild Turkey 101
- 135 ml Pfirsichlikör
- 90 ml Ingwerlikör
- 150 ml Zitronensaft, frisch gepresst
- 1,2 kg Eiswürfel zum Servieren
- 2 mittelgroße Pfirsiche, in dünne Scheiben geschnitten

Arnold Palmer mit Bourbon, Pfirsich und Ingwer

@spiritedla

Wer schon immer gern mal einen Arnold Palmer getrunken hat, sollte sich auf dieses Upgrade gefasst machen. Hannah hat die Limonade durch frischen Zitronensaft und zwei Sorten unglaublich erfrischender süßer Liköre ersetzt. Und wie sie immer sagt: Du darfst ruhig noch mehr Süße hinzufügen, wenn es das ist, was dir an einem Cocktail schmeckt. Alles, was du brauchst, sind ein ausreichend großer Krug oder eine Punschschüssel und ein Sommernachmittag, an dem du einfach mal abhängen darfst.

In einem großen Krug oder einer Punschschüssel Tee, Bourbon, Pfirsichlikör und Ingwerlikör verrühren. Den Zitronensaft durch ein feinmaschiges Sieb dazugießen und alles noch einmal verrühren.

Den Krug oder die Schüssel mit Eiswürfeln auffüllen und 50-mal umrühren – Hannah zufolge ergibt dies genau die richtige Temperatur und Verdünnung des Cocktails. Die Pfirsichscheiben dazugeben und den Arnold Palmer in Gläsern servieren.

TikTok ist stolzer Förderer von

No Kid Hungry

Wir haben es uns zum Ziel gesetzt, eine neue Generation dazu zu ermutigen, einen positiven Einfluss auf den Planeten und auf ihr Umfeld auszuüben, und engagieren uns deshalb für Projekte und Organisationen, von denen wir wissen, dass sie in diesem Sinne tätig sind.

Um gesund und glücklich aufzuwachsen, braucht jedes Kind drei Mahlzeiten am Tag – was im heutigen Amerika keine Selbstverständlichkeit mehr ist. Dieses Problem will No Kid Hungry angehen, und wir wollen die Organisation dabei unterstützen. Gemeinsam können wir es schaffen, dass in Amerika kein Kind mehr Hunger leiden muss!

Über den QR-Code hast du Zugriff auf den TikTok-Account von No Kid Hungry. Dort sowie unter www.NoKidHungry.com erfährst du mehr.

NO KID HUNGRY®

Danksagung

Ein großes Dankeschön an all jene, die jeden Tag in ihrer Küche stehen, an Profis, Hobbyköch*innen, Gartengrill-Fans, Heißluftfritteusenfanatiker*innen, Kuchenkünstler*innen, Pastamagier*innen und Steak-Afficionados – und an alle anderen, die aus #cooktok einen so köstlichen wie kreativen Ort machen. Danke an die gesamte TikTok-Community und alle Creators: Ihr inspiriert uns jeden einzelnen Tag aufs Neue.

Dieses Buch würde es ohne das unglaubliche Team von Clarkson Potter nicht geben. Raquel Pelzel, Sahara Clement und Bianca Cruz haben daraus etwas gemacht, an dem mitgewirkt zu haben, jeder Creator stolz sein kann. Robert Diaz, Ian Dingman, Jill Flaxman, Windy Dorresteyn, Derek Gullino, Francis Lam, Pete Mathias, Chris Tanigawa, Kate Tyler, Aaron Wehner und Joyce Wong haben jeden Schritt des Produktionsprozesses mit Begeisterung begleitet. Und die Projektmanagerin und Autorin Emily Stephenson hat alles nahtlos zusammengefügt. Danke, ihr seid ein Dream-Team!

Ein ganz herzliches Dankeschön auch an Lauren Volo für die fantastischen Foodfotos. Mit ihrer Hilfe und der von Monica Pierini, Maeve Sheridan, Tsering Dolma, Claire Pellegrino und Christina Zhang macht jedes Gericht in diesem Buch unbedingt Lust aufs Ausprobieren.

Dank gebührt auch den peniblen Rezepttester*innen Scott Hocker, Rémy Robert und Grace Rosanova. Ihr habt bestätigt, was wir alle schon wussten: dass die Creators ihre Aufgabe verstanden haben.

Und nicht zuletzt: Danke, ihr Leser*innen, fürs Unterstützen der brillanten Creator-Community auf TikTok.

TikTok-Creators

@amywilichowski

Amy Wilichowski ist Ernährungswissenschaftlerin, Content Creator und Besitzerin eines kleinen Unternehmens in Boston, Massachusetts. In ihrer Freizeit beschäftigt sie sich mit Inlineskaten, Brunchen und dem Entwickeln neuer Rezepte, oder sie geht mit ihren Freundinnen die Stadt erkunden.

Pesto-Ei-Toast, Seite 27

@auntieloren

Loren Montgomery, auch bekannt als Auntie Loren, wuchs in Valdosta, Georgia, auf, lebt jetzt aber in McDonough, Georgia. Sie ist als Caterer und Restaurantbesitzerin tätig. Als aus dem Dienst ausgeschiedene Army-Veteranin liebt sie es zu kochen, Musik zu hören und Zeit mit ihren drei Kindern sowie ihrem Mann zu verbringen.

Warmer Krabben-Spinat-Dip mit Knoblauchbrot, Seite 49
Biscuit Pot Pie, Seite 100

@ballehurns

Halle Burns ist Content Creator für Food und Lifestyle, die mit ihren beruhigenden Videos zum veganen Kochen rasch zum Shootingstar aufgestiegen ist. Ihre entspannte Herangehensweise hat eine ganze Generation dazu inspiriert, in der Küche aktiv zu werden.

Veganer Brezelsnack, Seite 46
Süß-scharfer Rosenkohl, Seite 127

@beautifuleatsandthings

Andrea aus Alabama ist Ernährungswissenschaftlerin und die Bloggerin hinter *Beautiful Eats & Things* sowie *Little Eats & Things*. Zudem ist sie die Autorin des Buchs *The Complete Book of Smoothies*. Sie ist davon überzeugt, dass eine gesunde Ernährungsweise nicht nur viel für unsere Gesundheit tun, sondern auch noch schmecken kann! Wenn sie nicht gerade ihren beiden kleinen Kindern hinterherrennt, setzt sie sich für das Konzept der Selbstliebe und Body Positivity ein.

Schnelle Fladenbrotpizza mit Spinat und Huhn, Seite 67
Geeister »Dalgona«-Matcha-Latte, Seite 166

@bobaguys

Die Boba-Jungs bilden mit ihren global inspirierten Spezialitätendrinks Brücken zwischen den Kulturen. Sie haben aus Boba (Bubble Tea) und Tee seit 2011 etwas ganz Neues geschaffen, ihr Buch *The Boba Book* ist 2020 erschienen.

Hongkong-Milchtee mit geliertem Kaffee, Seite 169

@chefchrischo

Der aus Korea stammende und in Philadelphia aufgewachsene Chris hat in seiner Familie von Profiköchinnen und -köchen schon im Kindesalter kochen gelernt. Sein Ziel sind einfache und authentische Rezepte, die zu Hause nachzukochen, nichts als Spaß macht.

Gebratener Reis mit Garnelen, Seite 87
Koreanischer Käsemais, Seite 125

@cheflorena

Die in Venezuela geborene Lorena Garcia ist für ihre zahlreichen Talente bekannt: Sie ist unter anderem Kochbuchautorin, Fernsehmoderatorin und Gastronomin. Mit ihrer gemeinnützigen Organisation »Big Chef, Little Chef« verhilft sie Kindern und deren Familien zu einer gesünderen Ernährung und damit letztlich zu einem gesünderen Leben.

Perfekte Tostones, Seite 135

@chefmingtsai

Ming Tsai ist der mit dem James-Beard-Award ausgezeichnete Küchenchef und Besitzer des Blue Dragon in Boston, Massachusetts, und des BABA im Yellowstone Club in Big Sky, Montana. Der auch mit einem Emmy ausgezeichnete TV-Koch hat darüber hinaus fünf Kochbücher verfasst. Im Herbst 2020 brachte Ming seine neue Produktlinie Mings-Bings, gemüsegefüllte Patties, heraus. Er unterstützt zahlreiche Wohltätigkeitsorganisationen, darunter das gemeinnützige »Family Reach«, das Familien mit Krebserkrankungen finanziell hilft, und das Dana-Farber Cancer Institute. Mehr Informationen unter www.ming.com.

Ming Tsais Lieblingsküchenausrüstung, Seite 15

Querrippen-Birria-Wraps »super crunk«, Seite 119

@chelsweets
Chelsey White ist die Bloggerin und Content Creator hinter Chelsweets. Sie gibt Backkurse am Institute of Culinary Education in New York City und trägt digital zum Food Network bei. Ihre Arbeiten erschienen bei BuzzFeed, Instagram, Business Insider, Bloomberg, dem *Wall Street Journal* und in der *Cosmopolitan*.
Erdnussbutter-Chocolate-Chip-Cookies, Seite 141

@chucksflavortrain
Chuck Matto – die meisten kennen ihn unter Chuck's Flavor Train – liebt es, mit Spaß zu kochen. Das Energiebündel bringt seine Fans mit seinen köstlichen Kreationen und seinen geistreichen Geschichten immer wieder zum Staunen.
Reverse-Seared Steak, Seite 114

@colinstimetobake
Colin begann 2014 mit dem Backen, eigentlich aus einer puren Laune heraus. Zu seiner großen Überraschung stellte er fest, dass andere ihm gern dabei zusahen – und www.colinstimetobake.com war geboren. Er verkauft Backwaren im Großraum Chicago und hofft, eines Tages eine schottische Bäckerei eröffnen zu können.
Drei-Schichten-Buttercremetorte, Seite 156

@cookingbomb
Vivian Aronson ist in der chinesischen Provinz Sichuan aufgewachsen und 2005 in die Vereinigten Staaten gezogen. Heute lebt sie mit ihrem Mann und ihren vier Kindern in Minneapolis. Vivian war eine der besten der 36 Mitstreiter*innen der zehnten Staffel von *MasterChef* im Jahr 2019.
Gemüsereis für Faule, Seite 88
Handzerpflückter Kohl mit Bacon, Seite 130

@cookingwithlynja
Lynja Davis ist zweifache Großmutter, vierfache Mutter, Ehefrau, pensionierte AT&T-Ingenieurin, freiwillige Rettungssanitäterin, achtfache Marathonteilnehmerin, Tierbegeisterte (vor allem Hunde), Weltreisende, Spanischlernende, Bachelorabsolventin am MIT und MBA sowie MPH an der Columbia University. Ihr Motto: »Keine Angst vor Fehlern! Sie geben dir mehr Selbstvertrauen.«
Ramen carbonara, Seite 77
Dalgona Coffee mit Karamell, Seite 164

@cookingwithshereen
Shereen Pavlides ist gelernte Köchin, Rezeptentwicklerin und Foodstylistin. Mit *Cooking with Shereen* ist sie live auf QVC zu sehen. Shereen sorgt dafür, dass sich andere in der eigenen Küche wie Rockstars fühlen.
Frischer gegrillter Mais mit Jalapeños, Seite 128
Das beste Kartoffelpüree ever, Seite 133

@diana_mengyan
Mengyan Yu wurde in China geboren und lebt seit 2017 in der Schweiz. Das Kochen ist ihre Passion, entsprechend gern stürzt sie sich immer wieder in neue Kochabenteuer.
Schweinefleisch-Schnittlauch-Taschen, Seite 57
Gedämpfte Knoblauchgarnelen mit Vermicelli, Seite 78

@feelgoodfoodie
Yumna Jawad ist Gründerin und Geschäftsführerin von Feel Good Foodie, einer Website, die sich gesunden Rezepten mit Wohlfühlzutaten verschrieben hat. Für sie ist es das Schönste, ihre Follower*innen dazu zu inspirieren, selbst zu Hause zu kochen – und Spaß dabei zu haben.
Salt-and-Vinegar-Pastachips, Seite 50
Feta-Pasta-Suppe, Seite 82

@giadadelaurentiis
Giada De Laurentiis ist der mit dem Emmy ausgezeichnete Star von *Everyday Italian, Giada Entertains, Giada at Home, Giada in Italy, Giada's Holiday Handbook* und *Next Food Network Star.* Sie hat neun *New York Times*-Bestseller verfasst und ist die kreative Kraft hinter der Lifestyle-Plattform Giadzy. Giada besuchte die Cordon-Bleu-Kochschule in Paris und war in Wolfgang Pucks Restaurant Spago tätig, bevor sie ihre eigene Cateringfirma GDL Foods gegründet hat. Sie wurde in Rom geboren, ist aber in Los Angeles aufgewachsen, wo sie noch heute mit ihrer Tochter Jade lebt.
Giadas und Jades Frühstücks-Croissantpanini, Seite 24

@goldengully
Der in Toronto, Kanada, zur Welt gekommene und aufgewachsene Bilal hat im Jahr 2020 damit begonnen, seine Liebe für das Kochen zu Hause auf TikTok zu teilen. Wenn er nicht gerade kocht, ist er als Anwalt für kanadisches Einwanderungsrecht tätig und hält sich mit Mixed Martial Arts fit.
Kulfi mit Keksen und Sahne, Seite 161
Masala Chai, Seite 171

@gordonramsayofficial

Gordon Ramsay ist weltberühmter Küchenchef, Gastronom, TV-Koch und Papa. Außerdem ist er mittlerweile auch ein TikTok-Star, dessen beißende Kommentare von der Community sehr geschätzt werden.

@guarnaschelli

Alex Guarnaschelli ist Jurorin bei zahlreichen Food-Network-Shows, darunter auch bei *Chopped* und *Beat Bobby Flay*, Gastgeberin von *Fix Me a Plate* und eine von drei weiblichen Iron Chefs bei *Iron Chef America*. Die Tochter der renommierten Kochbuchredakteurin Maria Guarnaschelli ist in Manhattan aufgewachsen, hat vier Jahre im Guy Savoy in Paris gearbeitet und kehrte anschließend in die USA zurück, um im Daniel zu kochen. Seit 2003 ist sie Küchenleiterin im Butter Restaurant, sie lebt mit ihrer Tochter Ava in New York City.

Alex Guarnaschellis Tipps fürs Kochen zu Hause, Seite 71

@hwoo.lee

h woo lee (ätsch-wuu li) ist Content Creator für Food, Eventplaner und Gründer des Supper Clubs Maru Los Angeles. Im Mittelpunkt seiner hochdynamischen Kochvideos stehen seine kulinarischen Fähigkeiten und er selbst.

Querrippen-Birria-Wraps »super crunk«, Seite 119

@jerryyguerabide

Jerry ist in San Antonio, Texas, aufgewachsen. Mit seiner Leidenschaft fürs Kochen hat er sich durch alle Abteilungen bis ganz nach oben gearbeitet und ist heute stolzer Besitzer der Mesa de Magdalena, eines Foodtrucks mit Ausgangspunkt in San Antonio.

Zitronen-Blaubeer-Kekse, Seite 36
Marinierte Rippchen mit Guajillosalsa, Seite 111

@lahbco

Nasim Lahbichi kam in Brooklyn, New York, zur Welt und ist dort auch aufgewachsen. Durch die multikulturelle Umgebung hat er ein feines Gespür für die verschiedenen Kulturen und ihre Küchen sowie deren Intersektionalität entwickelt. Mit seinen Rezepten will er andere an Gerichte heranführen, die man nicht nur selbst zu Hause zubereiten kann, sondern die obendrein auch noch richtig gut schmecken.

Beerige Cheesecake-Baked-Oats, Seite 39
Olivenöl-Matcha-Kuchen mit Rosenglasur, Seite 154

@myhealthydish

My Nguyen, Schöpferin von MyHealthyDish, ist Social-Media-Influencerin, Profiköchin und Autorin. Sie hat Millionen von Follower*innen, die sich täglich dazuschalten – der Rezepte wegen und um einen gesünderen Lebensstil zu pflegen. My lebt mit ihrem Mann, ihren Zwillingstöchtern und zwei Hunden an der San Francisco Bay.

Pancake-Cereal, Seite 34
Cloudbread, Seite 138

@newt

Newt ist Social-Media-Persönlichkeit und autodidaktischer Koch mit einer großen Leidenschaft für Food und kulinarische Künste. Er teilt seine Rezepte auf TikTok und macht Kochen durch seine Step-by-Step-Videos beinahe zum Kinderspiel. Und, ach ja: Er liebt Petersilie.

Bang-Bang-Shrimps, Seite 54

@nishcooks

Joshuah Nishi alias NishCooks ist autodidaktischer Koch, Rezeptentwickler, Foodblogger und Content Creator. Er ist berühmt für seine Kochvideos und seinen ansteckenden Humor. Ursprünglich stammt er aus Stockton, Kalifornien, wo er in einem Alleinerziehendenhaushalt aufgewachsen ist. Dort hat er die Zutaten, die er in der Küche fand, zusammengeworfen und jedes Essen als Lektion und Möglichkeit gesehen, die eigenen Kochfähigkeiten weiterzuentwickeln.

Char Siu Chicken Banh Mi, Seite 69

@onegreatvegan

Gabrielle Reyes, auch bekannt als One Great Vegan, ist preisgekrönte Sängerin, Schauspielerin, pflanzenbasierte Profiköchin, Kochbuchautorin und TV-Star. Sie ist mit karibisch-lateinamerikanischer Fusion-Küche und wahrem Soul Food aufgewachsen, mit einfachen, aber ungeheuer leckeren Gerichten, die sie nun veganisiert und mit ihren Tunes und Songs würzt.

Vegane »Käse«-Tortilla, Seite 53
Haitianische Jackfrucht-Enchiladas, Seite 103

@ramenkingivan

Ivan McCombs, besser bekannt als Ramen King, der König der Instantnudeln, hat im Oktober des Jahres 2020 damit begonnen, TikTok-Videos mit Ramen zu produzieren. Damals konnte er nicht ahnen, dass ihm dies eines Tages einen Platz in diesem Kochbuch sichern, ihn zweimal ins Fernsehen bringen und zu zahlreichen Artikeln über

seine Arbeit führen würde. Was uns wiederum zeigt: Wenn man nur will, kann man alles erreichen!
Feta-Ramen aus dem Ofen, Seite 75
Ramen-Lasagne, Seite 93

@renes.cravings
Rene Subash, oder Rene's Cravings, liebt alles, was mit Essen und Kochen zu tun hat! Sie stammt aus einer indischen Familie, und in der indischen Kultur hat das gemeinsame Kochen und Essen einen hohen sozialen Stellenwert. So ist Rene davon überzeugt, dass ein gutes, herzhaftes Gericht die Macht hat, Menschen zusammenzubringen.
Butter-Chicken-Pasta, Seite 85
Chicken 65 Biryani, Seite 94

@rootedinspice
Für Chaheti begann rootedinspice als kreatives Ventil neben ihrem normalen Job. Schon bald aber entwickelte sie eine tiefe Leidenschaft dafür, die Aufmerksamkeit der Öffentlichkeit auf authentisch südasiatische Hausmannskost zu lenken – also auf die Gerichte, die in asiatischen Restaurants im Westen selten auf der Speisekarte stehen. Chaheti hat zwar keine Ausbildung als Köchin (Der Kochkurs an der Highschool zählt nicht, oder?), das Kochen aber intuitiv erlernt – durch das Beobachten ihrer Mutter und eigenes Experimentieren in der Küche. Zwar ist Chaheti noch immer mit Leib und Seele Content Creator, doch besteht ihr Hauptziel inzwischen darin, anderen durch ihren Content einen Mehrwert zu verschaffen: ein wenig bekanntes regionales Rezept vorzustellen, mit Irrtümern rund um Desi-Food aufzuräumen oder den Menschen beizubringen, wie man mit den Fingern isst.
Granatapfel-Poha, Seite 30
Baskischer Käsekuchen en miniature, Seite 153

@scheckeats
Jeremy Scheck absolviert derzeit einen Doppelstudiengang in Spanisch und Italienisch an der Cornell University mit den Schwerpunkten Ernährung, Ernährungswissenschaft und Kulinarik. Mit seinen beliebtesten Rezepten – knusprigen Kartoffeln und selbst gemachten Nudeln – heimste er schon Millionen von Views ein.
Erdbeer-Windbeutel, Seite 150

@sheffara
Ara ist Amateurkoch aus London und hat zu Beginn des Lockdowns 2020 mit dem Kochen angefangen. Er liebt das Bingewatching von Sendungen wie *Hell's Kitchen* und *MasterChef*, wo er sich Fähigkeiten und Techniken abschaut. Seine Wochenenden verbringt er am liebsten mit der Familie und Freund*innen, denen er saftige Burger mit dreifach frittierten Fritten oder frisches, selbst gemachtes Sushi serviert.
Fish-and-Chips-Tortilla, Seite 106

@shreyacookssss
Die Philosophie hinter Shreya's Kitchen war es immer, eine Community zu pflegen, die sich auf Food, Body Positivity, kulturelle Akzeptanz und das Schaffen eines Raums konzentriert, in dem Menschen aller Fähigkeitsstufen und Interessen mehr darüber herausfinden können, wie sie ihr Lieblingsessen zu Hause selbst zubereiten.
Extrakäsiger gegrillter Käse, Seite 65

@spiritedla
Hannah ist davon überzeugt, dass ein guter Cocktail das Leben lebenswerter macht. Sie paart ihre Cocktailrezepte und -techniken mit Mode, Tipps zur Etikette und Geschichten zur Geschichte, damit die Leute das Beste aus dem Cocktailerlebnis herausholen können.
Cidre-Rum-Punch, Seite 173
Arnold Palmer mit Bourbon, Pfirsich und Ingwer, Seite 177

@tazxbakes
Für Taz ist das Backen, Kochen und Contentcreaten eine Art Therapie, eine Leinwand für ihre Kreativität und eine Möglichkeit, sich selbst immer wieder zu fordern. Dadurch wurde ihr die Gelegenheit geschenkt, alles, was sie weiß, mit anderen zu teilen, wodurch sie selbst letztlich wiederum von anderen lernen konnte.
Baked Oats mit Schoko-Fudge, Seite 40
Knusprige Baklava-Röllchen, Seite 146

@theemoodyfoody
Fabrizio Villalpando ist autodidaktischer Amateurkoch mit mexikanisch-amerikanischem Hintergrund, der sich stolz für »Comfy Cooking« – gemütliches Kochen – und nicht minder gemütliches Leben einsetzt. Seine beruhigenden Videos im ASMR-Stil sind weltweit bekannt, doch besteht Fabrizios eigentliches Ziel darin, anderen Amateurköchen unabhängig vom Fähigkeitsniveau zu zeigen, wie einfach es sein kann, sowohl schlichte als auch ausgesprochen elegante Gerichte zu Hause zu genießen.
Chilaquiles rojos, Seite 21

@thegoldenbalance

Ahmad Alzahabi, auch bekannt als Golden Balance, ist syrisch-amerikanischer Moslem und lebt in Michigan. Seine einzigartige Reise und seine ganz persönlichen Erfahrungen mit der kulinarischen Welt haben ihn zu TikTok gebracht und ihm dabei geholfen, einer der führenden Creators dort zu werden: Sein millionenstarkes Publikum teilt seine Leidenschaft für Storytelling und Food.

Chicken Wings mit Parmesan-Knoblauch-Sauce, Seite 97

@thekoreanvegan

Joanne Molinaro, von Beruf Rechtsanwältin, hat im Sommer 2020 mit TikTok begonnen. Heute kennen Millionen von Menschen ihre koreanischen veganen Rezepte ebenso gut wie die Geschichten aus ihrer Familie. Darüber hinaus ist Joanne Kochbuchautorin, Langstreckenläuferin und veröffentlichte Lyrikerin.

Das ultimative Frühstückssandwich, Seite 28
Kkanpoong-Tofu-Tacos, Seite 73

@thelucasassis_

Lucas ist versierter Barkeeper mit einer Leidenschaft fürs Geschichtenerzählen und großem Wissensdurst auf Cocktails und handwerklich ausgefallene Spirituosen aus der ganzen Welt. Er wurde in Brasilien geboren und ist auch dort aufgewachsen, verliebte sich durch seine Frau und Reisen aber in die Kultur, das Essen und natürlich die Agavenschnäpse Mexikos.

Brasilianischer Mariachi, Seite 172
Meine klassische Paloma, Seite 174

@the_pastaqueen

Nadia Caterina Munno alias Pasta Queen hat ... äh ... Nudeln im Blut. Ihre Familie, in Rom bekannt als die »Macaronis«, produziert Pasta und Wein schon seit dem frühen 19. Jahrhundert. Als »Macaroni« der fünften Generation verleiht Nadia den Familiengeheimnissen ihr ganz persönliches Flair.

Tipps der Pasta Queen für Pastaperfektion, Seite 81

@theres.food.at.home

August ist die Besitzerin von John's Juice und Fluffy's NYC, zwei Foodunternehmen in New York City. Ihr Ziel ist es, ihrem Publikum zu mehr Kochkompetenz zu Hause zu verhelfen und ihm zu zeigen, dass man sich vom Kochen zu Hause keineswegs einschüchtern lassen muss.

Apfel-Plunder, Seite 145

@thesweetimpact

Der Kuchenkünstler Robert Lucas alias Sweet Impact hat erst vor anderthalb Jahren mit dem Backen begonnen. Er ist für seine fantastischen Kreationen berühmt. So gestaltet er z. B. Kuchen nach Pop-Ikonen. Seine erste Torte sah aus wie ein Einhorn, das er im Internet gesehen hatte. Er wohnt derzeit in Georgia und ist als Vollzeit-IT-Profi tätig.

Fudgy Brownies, Seite 142

@thewoksoflife

The Woks of Life ist ein Mehrgenerationen-Familien-Foodblog. Bill, Judy, Sarah und Kaitlin Leung – Vater, Mutter und Töchter – erzählen anhand von Food und Storys die Geschichte ihrer Familie und machen so Millionen von Menschen chinesisches Kochen zugänglich.

Tipps für den Vorratsschrank von *The Woks of Life*, Seite 132

@tillyramsay

Tilly Ramsay ist nicht nur Gordon Ramsays Tochter, sondern auch für ihre CBBC-Kochshow *Matilda and the Ramsay Bunch* und andere Sendungen wie *Strictly Come Dancing* oder *MasterChef: Celebrity Australia* bekannt. Tilly ist im ersten Semester, hat aber immer noch genug Zeit, um mit ihrem Dad auf TikTok herumzualbern.

@twincoast

Die Schwestern Ashley und Taylor Johnston kommen aus Vancouver, Kanada. Ihre gemeinsame Marke Twin Coast vereint ihre Leidenschaft für gesunde Rezepte, Lifestyle und mehr!

Vegane Kokos-Vanille-Smoothie-Bowls, Seite 33

@usajalandhar

Mohinder Sareen hat mit 15 mit dem Kochen angefangen und dabei viel von seinem Dad gelernt, der Profikoch in Indien und den USA war. Er kocht für sein Leben gern und liebt es, Rezepte zu entwickeln und sie zu teilen.

Knusprig-scharfe Fischpakora, Seite 59

@zaynab_issa

Zaynab Issa ist Köchin, Rezeptentwicklerin, Autorin und selbstständige Kreative in New York. Erst vor Kurzem hat sie das Kochbuch *Let's Eat* geschrieben, gestaltet und herausgegeben, eine Sammlung ostafrikanischer und indischer Rezepte aus ihrer Kindheit.

Streuselkuchen mit Zimt, Seite 42
Klassische Tomatensuppe, Seite 66

Register

Kursiv gesetzte Seitenverweise beziehen sich auf Fotos.

M

N

O

P

Q

R

S

T

V

W

Z

Bildnachweis

Alex Guarnaschelli | @guarnaschelli | Johnny Miller

Chelsey White | @chelsweets | Gaby Deimeke

Gabrielle Reyes | @onegreatvegan | Ace Anderson

Giada De Laurentiis | @giadadelaurentiis | Kristin Teig

Gordon Ramsay | @gordonramsayofficial | Mike Irving

h woo lee | @hwoo.lee | Chris Cho

Lucas Assis | @thelucasassis_ | Robiee Ziegler

My Nguyen | @myhealthydish | JBJ Pictures

Nadia Zimmatore | @thepastaqueen | Felix Kunze

Tilly Ramsay | @tillyramsay | Justin Mandel